오늘부터
자아실현
꽃피우자!

오늘부터 자아실현 꽃피우자!

태아기에서 노년기까지 행복한 나를 만드는 가이드 북

초 판 1쇄 2024년 10월 04일
초 판 2쇄 2024년 10월 15일

지은이 조남희(JOY)
펴낸이 류종렬

펴낸곳 미다스북스
본부장 임종익
편집장 이다경, 김가영
디자인 윤가희, 임인영
책임진행 이예나, 김요섭, 안채원

등록 2001년 3월 21일 제2001-000040호
주소 서울시 마포구 양화로 133 서교타워 711호
전화 02) 322-7802~3
팩스 02) 6007-1845
블로그 http://blog.naver.com/midasbooks
전자주소 midasbooks@hanmail.net
페이스북 https://www.facebook.com/midasbooks425
인스타그램 https://www.instagram.com/midasbooks

ISBN 979-11-6910-817-1 03190

값 22,000원

🔥 **미다스북스**는 다음세대에게 필요한 지혜와 교양을 생각합니다.

오늘부터
자아실현
꽃피우자!

태아기에서 노년기까지
행복한 나를 만드는 가이드 북

조남희(JOY) 지음

미다스북스

행복과 불행
성공과 실패
기쁨과 슬픔이
인생의 사계절이란 것을
가르쳐 주신
부모님께

희·노·애·락
경험하게 해 줌으로
나를 성숙하게 해 준
가족들에게

위기 때마다
극복할 수 있도록
함께해 준
이웃님들에게

변화와 성장
자아실현을
함께할 독자들에게

사랑하는 _____님께 드립니다.

저는 나이 67세, 손녀 딸 둘이 있는 할머니예요.
곧 겨울이 다가올 인생,
지금쯤은 늦가을이라는 생각에
자기 질문을 해 보았습니다.

"나는 어떤 삶을 살아 왔는가?"

이 책은 제 삶의 이야기이자
우리들의 자아실현 이야기를 나누게 될 책입니다.

이 책이 여러분의 삶에 자아실현 꽃피우는
터닝 포인트가 되어 준다면 참 행복할 거예요.

자아실현은
삶의 진정한 의미와 가치를 형성해 줍니다.

개인의 삶의 질과 행복 그리고
공감에 영향을 미치는 매우 중요한 요소이지요.

자아실현을 목적으로 한 삶은
한 마디로 '변화하고 성장하는 삶'입니다.

아무런 목적도 없이 그냥 살아가는 사람들과
자신의 신념을 발견하고
삶을 주체적으로 살아가는 사람들은
삶의 질이 다릅니다.

사랑하는 독자님들,
지금 행복하시다면

그냥 누리고 사세요.

힘들고 어려운 고난 시기를
지나가고 계시다면,

힘내세요.

그리고 자아실현의 아이콘,
저 조남희의 이야기를 읽으시면서
함께 인생 여정 걸어가면 좋겠습니다.

작가 소개

조남희(JOY)

서울 영일 초등학교	대전 대신중학교 영어 교사
강남여자 중학교	전업 주부
대전여자 고등학교	크리스찬 치유상담 연구원
한남대 영어영문학과 졸업	일반과정과 전문과정 졸업
	서울신학대학교 신학전문대학원
	신학석사(MA. Th.M)
	신학박사(실천신학: 목회상담학 Th. D)

1957년 10월 4일, 밤 11시 20분 서울 종로구 충신동에서 조종구, 류양숙 님의 딸 다섯 중 큰딸로 태어났다.

24살 결혼 후 평범한 딸. 아내. 엄마로 살던 중 42살에 큰아들이 학교 폭력 피해자가 되는 사고를 당했다. 갑작스럽게 발생한 사고로 인한 트라우마를 치유하기 위해 상담 공부를 시작하여, 자아실현 여정을 출발했다.

대전과 서울을 오가며 신학과 상담학을 공부하여 50살에 박사 학위를 취득했다. 대한가정법률복지상담원 대전 지원 원장으로 봉사하였고, 2008년 6월 25일부터 Joy 행복상담원 원장으로 부임하여 대전 시민을 위한 무료 상담 봉사를 하며 자아실현을 하였다.

임상 경험을 인정 받아서 전주 기전대학교 겸임교수가 되고 건양대학교 보건복지 대학원 치유선교학과 교수로 임용되어 17년간 제자들을 양육하는 일로 자아실현을 했다.

2024년 2월 29일 정년 퇴직 후, JOY 행복상담원 원장으로 상담 활동을 하며 자아실현하고 있다. 군 상담 어머니로 불리고 있으며 가족 세우기 창시자인 버트 헬링거 선생님과 박이호 선생님을 만나 가족 세우기 전문가 과정을 수료했다. 20여 년간 가족 세우기로 무의식을 탐구하며 자아실현을 하던 중 2022년부터는 미라클 가족 세우기 인도자로 치유 사역을 하고 있다.

퇴직 후에도 SNS 활동을 활발하게 하여 밴드와 네이버 블로그(미라클 가족 세우기) 운영자로 활동했으며, 부캐인 JOY1004로 매일 글을 쓰고 이웃들과 소통한다. 2024년에 전자책 두 권과 종이책(공저 포함) 두 권을 출간하여 글쓰기로 자아실현하며 은퇴를 금퇴로 만들고 있다. 노년기에 도전, 봉사, 열정으로 자아실현의 아이콘이 되어 선한 영향력을 전하는 삶을 살고 있는 중이다.

추천사

제가 아는 조남희 교수는 저처럼 끊임없이 도전하며 자아실현하는 모범적인 사람입니다. 64년 동안 국가와 민족, 회사를 위해 헌신하는 삶을 살아 온 인생 선배로 조남희 교수의 『오늘부터 자아실현 꽃피우자』 응원하며 추천합니다.

금성백조주택 회장_**정성욱**

많은 훈련병들의 어머니로 불리신 조남희 교수님이 책 『오늘부터 자아실현 꽃피우자』를 발간하셨습니다.

조남희 교수님은 군 상담의 어머니라고 불립니다. 국내에서 군 상담이 시작된 시점부터 군 상담의 정립과 실천에 기도와 헌신을 아끼지 않은 분이었습니다. 저도 그중 한 사람이었고요. 지금까지도 인연을 이어 오고 있습니다.

특히 교수님께서 제시하는 다양한 사례와 실질적인 조언은, 꿈을 이루기 위해 노력 중인 사람들에게 특별한 도구가 될 것입니다. 자신의 삶을 더욱 의미 있게 만들고 싶고, 진정한 자신의 모습을 찾고자 하는 분들에게 추천드립니다. 자아실현의 여정을 시작하는 이들에게 큰 영감을 줄 것이라 확신합니다.

신화_**김동완**

 조남희 교수의 저서는 단순한 이론이 아닌 자신의 살아온 이야기를 같이 담고 있습니다. 그래서 그의 책을 읽는 것은 지식뿐만 아니라 동시에 그를 만나는 일이기도 합니다. 이번 저서 『오늘부터 자아실현 꽃피우자』를 통해 저자의 어떤 모습을 만나게 될지 무척 궁금했습니다.

조남희 교수는 군 상담의 어머니라고 불립니다. 지금도 군 상담 관련한 강좌와 세미나를 통해 군이라는 특수성과 상담의 보편성을 결합하는 과정을 연구하고 있습니다.

사람은 본래 자기에게 주어진 잠재력을 최대한 발휘하려는 놀랍고 위대한 존재입니다. 이 과정에서 우리는 현실의 다양한 조건 때문에 종종 길을 잃고 헤맬 때도 있습니다. 그러나 우리는 자기를 끝끝내 만나고자 노력하고, 자기답게 자기를 세상에 드러내고자 노력합니다. 이런 점에서 자아실현은 우리가 인생에서 경험하는 가장 의미 있는 여정 중 하나입니다.

자아실현은 단순히 외적인 성공에 국한되지 않습니다. 자신의 가치를 이해하고, 이를 기반으로 삶의 방향을 설정하는 것을 의미합니다.

진정한 자아실현은 각자의 삶의 경험과 배움을 통해 이루어지게 됩니다. 이번 조남희 교수님의 책 『오늘부터 자아실현 꽃피우자』는 현재 삶에서의 자아실현만 아니라 태아에서부터 죽음에 이르는 삶의 전 과정을 통하여 누구와도 비교할 수 없는 자신만의 꽃을 피우는 경험을 생생하게 보여 주고 있습니다.

이 책을 통하여 독자들은 자기 내면의 소리에 귀 기울이는 새로운 경험을 통해 자신을 발견할 수 있을 것으로 생각합니다. 자아실현의 과정은 때로 힘들고 험난할 수 있습니다. 그러나 자신을 이해하고 진정한 자아를 발견하는 그 과정에서 우리는 비교할 수 없는 큰 기쁨과 성취감을 경험하게 됩니다. 많은 분들이 책을 바탕으로 자아실현의 여정을 함께 떠나 보시면 좋겠습니다!

차명호

− 평택대학교 상담대학원 교수
일반대학원 주임교수
국제교류원장
− 한국군상담학회 학회장

새옹지마의 미덕을 보여 주는 스토리가 담겨 있습니다. 조남희 작가님이 자녀 교육에 신경을 쓰며 열혈 엄마로 살던 시절에 아들이 같은 반 친구가 휘두른 칼에 다친 사건이 있었습니다. 조 작가님은 처음에 이 사건으로 인해 잠을 못 잘 정도로 힘들어했습니다. 그런데 심리적 증상을 치료하기 위해 시작한 공부가 자아실현의 시작점이 될 줄이야 어떻게 알았겠습니까? 42살 만학도로 시작하여 50살에 박사 학위를 받고 대학 교수까지 하게 되었지요.

그리고 정년퇴직 후 유유자적하며 쉬려고 했지만 여전히 자아실현의 세계에 빠진 채 블로그를 시작하고, 전자책을 냈습니다. 이윽고 자아실현에 관한 책을 출간하게 됐습니다.

저자는 본서를 통해 언어를 통하여 가족 전체 의사소통 방법을 개선하여 해결해 주는 영적치료인 '가족 세우기'를 알려 주고 있습니다. 신경언어프로그래밍(NLP)에 기반한 기법입니다.

조 작가님의 말처럼, 이 책은 "자기 자신을 아름답게 실현하여 현생을 행복하고 성공적으로 사는 것"에 대한 가이드북입니다. 자아실현에 대하여 도움될 수 있는 책이니 일독 권합니다.

『처음으로 공부가 재밌어지기 시작했다』 저자, 파워 블로거_**데미안(임진강)**

처음 뵌 조남희 교수님은 목련꽃처럼 화사하셨습니다. 그러나 놀랍게도 과거 3차례나 죽음의 위기를 지나오셨다고 합니다. 지금 조남희 교수님 얼굴에서는 그런 위기의 경험을 전혀 찾아볼 수가 없습니다. 저자의 인생철학은 '누림&나눔'이라고 합니다. '누림&나눔'의 인생철학이 화사한 목련꽃과 같이 밝은 저자의 현재를 이끌어 냈습니다. 그 극복의 뿌리에는 67년 인생 경험으로 얻은 통찰력이 있습니다. 20년의 상담 경력으로 탄탄하게 다져진 이론도 있습니다. 이 책을 읽은 독자 여러분 모두 '누림&나눔'의 세상으로 진입하는 튼튼한 발판을 선물로 받게 되시리라 확신합니다.

『MZ 공무원은 도대체 왜 퇴사할까?』 저자, **김은수(비티오)**

남은 생은
자아실현 꽃길만 걸으시길

안녕하세요. 독자님들. 반갑습니다.

책을 쓰면서 독자님들과 만날 생각에 설레네요. 부모님이 지어 주신 제 이름은 조남희예요. 나이는 67세가 되었어요. 언제 이렇게 나이를 먹었는지…. 참 세월 빨리 지나갔네요. 60대에는 시간이 시속 60킬로미터로 지나간다는 말이 정말 맞아요. 한 달이 일주일처럼 빨리 지나갑니다.

저는 JOY1004라는 닉네임으로 온라인 활동을 하고 있습니다. JOY는 소통을 좋아해요. 제가 좋아하는 세 가지 '통'은 운수대통, 만사형통 그리고 의사소통이에요. 이 책이 독자님들과의 의사소통 창구가 되어 줄 테니, 책이 나온 후 여러 경로로 좋은 만남을 가지려 해요.

상담 전공을 하고 가족 치료의 방법인 미라클 가족 세우기를 시작하면서 참가하시는 분들과 함께 별칭을 꽃 이름으로 정했습니다.

엄마가 목련꽃을 무척 좋아하셨기에 목련꽃이란 이름을 붙였지요. 친정 어머니는 백목련같이 단아한 분이세요. 꽃처럼 고왔던 엄마 사진을 보면 눈물이 나네요. 세월이 엄마 미모를 앗아 가고 지금은 병든 몸만 남았어요. 참 가슴이 아프네요.

사람들은 저를 보고 자목련처럼 화사한 이미지라고 해요. 제가 입 다물고 지난 시절 살아온 고난 이야기를 말하지 않으면 온실 화초 같은 고운 이미지라고 합니다. 여러분이 저를 직접 만나 보시면 이렇게 말씀하실지도 몰라요.

"참 곱게 생겼네!"
"저 사람은 고생도 없이 온실 속 화초처럼 살아 왔나 봐!"

하지만, 천만에 만만에 콩떡입니다!

저는 야생화예요.

제 삶은 비, 바람, 폭풍우를 맞고 자란 보라색 제비꽃 같은 야생화라고 고백합니다. 지금까지 수많은 인생 고난을 지나 회복하고 행복하게 살고 있습니다. 그런 파란만장한 역경 극복 스토리를 전하고 싶어 책을 쓰게 되었어요.

사람마다 인생 등고선을 그려 보면 평탄하고 무난한 여정만 걸어 온 사람들은 없겠지요. 왜냐하면 사람에게 찾아오는 고통은 종류와 크기, 타이밍만 서로 다를 뿐 총량은 누구나 다 비슷하잖아요. '인생에서 겪는 고통의 크기는 같다'라는 '고통 총량 법칙'이라는 말이 있는 것처럼요.

저는 초년, 중년, 노년, 말년 인생 발달 시기를 지나오면서 세 번 죽음의 위기를 건너 왔네요. 지금 다시 생각해도 아찔합니다. 첫 번째 위기는 여고 시절이었습니다. 인생 바닥을 치는 경험을 했지요. 고등학교 2학년 때 아버지께서 대학에서 해직 당하셨어요. 저를 비롯해 딸만 다섯 자녀인 가장이 직장을 잃어버린 것이었습니다. 가정에 위기가 왔을 때 온 가족이 사랑으로 똘똘 뭉쳐서 고난을 헤쳐 나갔다면 참 좋았을 텐데…. 아버지는 실직에 대한 분노를 엄마에게 화풀이를 하면서 푸셨지요. 지금은 이해합니다. 아버지께서는 슬픔을 술로 푸셨다는 것을…. 그러나 가정 폭력이라는, 지금 회상해도 고통스런 사건들을 저는 가장 아름답게 꽃피었어야 할 여고 시절에 감당해야 했어요. 어떻게 해야 아버지의 폭력을 멈출 수 있을까? 고민 끝에 어리석은 선택을 했지요. 정말 죽고 싶었던 것은 아니었습니다. 제 죽음으로 가정불화가 해결되었으면 좋겠다 생각하고 자살 시도를 했어요. 천운으로 엄마에게 일찍 발견되어 위세척을 하고 살아났으니 기적이었습니다. 그렇게 살아남아서 오늘 지금 여기에서 독자님들을 만날 수 있게 되었으니 천운입니다.

두 번째는 살던 아파트에 도둑이 들었던 사건입니다. 당시 남편은 부대 훈련이 있어서 집을 비웠고 아들들과 저만 집에 남아 있었어요. 자다가 무엇인가 인기척이 느껴져서 눈을 떠보니 침대 밑에 복면을 쓴 사람이 잠자는 제 모습을 지켜보고 있었지요. 도둑은 손으로 제 입을 틀어막으면서 "소리치면 죽인다!"라고 위협을 했어요. 다시 회상해도 너무나 무서운 장면이에요. 그때, 저는 정체 모를 초인적인 힘을 발휘해서 입을 막은 손을 뿌리치면서 크게 소리를 쳤어요. "너 두 번째지!" 저는 바로 얼마 전 다른 집에 도둑이 침입한 적이 있었다는 것을 알고 있었고, 그때 그 도둑과 지금 저희 집에 들어온 도둑이 동일 인물이라는 것을 알아챘습니다. 그래서 그렇게 소리쳤지요. 그러자 도둑은 자신의 정체가 탄로났다고 생각해서 바로 도망을 가 버렸어요. 천만다행입니다. 도둑이 도망을 간 후 "도둑이야!" 소리를 치고 싶었는데 놀라 얼어붙어서 소리가 나오지 않았어요. 결국 도둑은 검거하지 못했고 미제 사건으로 남게 되었답니다.

떠오르는 또 다른 큰 사건은 2015년 11월 20일 오전 1시 43분, 살던 아파트에 불이 났던 것입니다. 지금 네이버에 '황인무 차관집 화재'라고 검색해도 그 화재 사건에 대한 기사가 나옵니다. 그날은 함께 상담 일을 하는 동료들과 북경 여행이 계획되어 있던 날이었어요. 그래서 전날에 일찍 잠자리에 들었는데, 자다가 '펑!' 하는 소리에 놀라서 벌떡 일어났지요. 거실로 나와 보니 천정에서 스파크가 일어나는 것이 보였습니다. 불이야! 그걸 보자마자 불이 났다는 것을 직감했지요. 바로 맨발로 뛰쳐나가 엘리베이터를 타고 1층에 내려가 경비 아저씨께 119 신고를 부탁드렸어요. 정신을 차려 보니 소중한 반려견 뭉치와 명랑이를 두고 저 혼자 탈출했다는 것이 떠올랐습니다. 다시 집으로 뛰어 들어가니, 때마침 천장 스프링클러가 작동하여 화재가 진압되었고, 강아지들도 무사히 구출할 수 있었답니다. 나중에 알고 보니, 난방비를 아끼려고 소파 위에 켜두었던 전기장판을 끄지 않고 그냥 자러 들어갔던 것이 원인이었어요. 밤새 켜져 있던 전기장판이 과열되면서 소파에 불이 붙었던 거지요. 나중에 퇴원해서 집에 가보니 거실은 거의 전소가 되어 처참한 모습이었어요. 거실을 태우고 불이 번지려는 그 시점에 소파 옆에 있었던 에어컨이 불타면서 가스가 폭발했다고 했습니다. 화재가 나면 유독 가스에 질식해서 사망하는 경우가 많다고 합니다. 그런데 그때 에어컨이 터지면서 베란다 유리창이 깨졌고, 저도 그 소리에 잠에서 깨어 살아나게 된 것이니 이것도 기적이라 생각해요.

여러분! 화재 사건은 불도 무섭지만 소방차가 진압을 위하여 물 대포를 쏘게 되면 집 전체가 물바다가 되어 살림살이를 건질 것이 없게 된답니다. 소방차 15대 소방대원 42명이 출동을 하셨는데, 물 대포 쏘기 바로 직전에 스프링클러가 작동해 화재가 진압되는 기적이 일어난 거예요.

제가 살아남아 결국 자아실현을 꽃 피운 이야기는 '죽음 위기 극복 스토리'랍니다. 오늘 지금 여기에서 행복한 인생을 살기 위해서 고난과 역경을 어떻게 극복했는지 전하고 싶어서 책을 쓰게 되었어요.

책 쓰기는 처음에 지인의 권면으로 시작되었습니다. 2024년 2월 29일 17년간 근무하던 대학에서 퇴직했습니다. 저는 나이 67세, 손녀 딸 둘이 있는 할머니예요. 곧 겨울이 다가올 인생, 지금쯤은 늦가을이라는 생각에 자기 질문을 해 보았습니다. 나는 어떤 삶을 살아 왔는가?

"나름대로 잘 살았네.
이만하면 성공적 인생을 살아 왔어. 참 행복하다!"

이런 대답이 들려옵니다. 지나온 삶을 회상해 보면 "이만하면 됐다!"라고 뿌듯한 자부심이 올라오더군요. 그래서 잠시 쉼표를 찍고 쉬고 있었습니다. 은퇴 후 노년은 그냥 놀면서 보낼 생각도 있었습니다. 옛 어르신들이 이렇게 노래 부르셨지요.

"노세 노세 젊어서 노세. 늙어지면 못 노나니!"

젊은 시절 일하느라 즐기며 놀지 못했으니 이제라도 재미있게 놀아야겠다는 마음이었습니다.

직업인으로서 하던 일을 내려 놓고 쉬면서 '노는 일'은 정말 즐거웠습니다. 꼭 무엇인가를 해야만 한다면 버킷리스트를 실현하는 삶을 살겠다는 바람이 있었지요.

버킷리스트 목록

1. 우리나라에서 안 가 본 곳 가보기
2. 기회가 주어지면 해외여행 다니기
3. 제주도 골프장 도장 깨기

1, 2, 3번이 다 노는 일이지요. 어디에도 자아실현에 관한 책 쓰기는 보이지 않습니다. 파워 J(INFJ)라서 미리 미리 계획을 세우며 살아가고 있는데, 기획 출판 글쓰기는 단 한 번도 생각해 보지 않았던 일이었어요. 그래서 저는 책을 쓰게 된 것이 제 뜻이 아닌 신의 섭리라고 강조해요.

미라클 가족 세우기 네이버 밴드를 시작해서 600여 명 회원을 모으고 1주년을 맞이하여 회원님들에게 감사한 마음으로 1주년 기념 잔치를 진행했지요. 40여 분을 초대하여 식사 대접을 하고 선물을 드렸습니다. 밴드 활동을 열심히 하던 중 가족 세우기에 참여하는 신세대 청년으로부터 대세인 블로그를 해야 된다는 권면을 받았어요. 2023년 7월 11일, 미라클 가족 세우기 홍보를 위한 블로그 개설을 했지요. 그동안 싸이월드, 카카오 스토리, 인스타그램 등 꾸준히 SNS 활동을 해왔으나 반응은 별로 없었어요. 네이버 밴드는 600명 회원들이 있지만 글마다 달리는 댓글은 대부분 10개 이하였어요. 7월 12일, 블로그 첫 포스팅으로 미라클 가족 세우기 홍보 글을 올렸더니, 뜻밖에 이웃님들이 좋아요, 공감 하트를 눌러 주셨고 댓글이 달리기 시작했어요. 그렇게 이웃님들과 댓글 글쓰기 소통이 시작되었답니다.

유레카! 소통하는 것을 좋아하는 제 성격에 딱 맞는 공간을 찾은 것이었습니다. 댓글 소통에 정성을 기울였지요. 삶의 좌우명 중 하나가 "정즉통, 정성을 들이면 통한다!"입니다. 그동안 사람과 사물에 정성을 쏟으면서 관계를 해 왔습니다.

블로그 이웃으로 사귄 신세대 젊은 청년 비티오 님은 어느 날 제게 말했어요. "교수님! 전자책을 써보시죠! 제가 도와 드릴 테니 한번 써 보셔요!"

누군가로부터의 뜻밖의 권면, 그것은 하늘이 주시는 계시라고 생각합니다. "우주에서 나를 돕는구나! 그럼 한번 해 봐야지!"

하늘은 스스로 돕는 자를 돕는다!
(Heaven helps those who help themselves!)

이 말이 맞습니다. 전자책이 무엇인지도 모르고 쓰는 방법도 몰랐던 사람이 3주 만에 전자책을 뚝딱 뚝딱 완성을 하고 블로그 친구들에게 무료 나눔을 했습니다. 슬기로운 블로그 생활에 관한 안내서로 블린이가 블로그 시작 1년여 만에 어떻게 성장했는가에 관한 경험담을 적은 전자책이었어요.

〈전자책 블로그 나라 만세 만만세〉

그 사이 가족 세우기를 전공으로 하는 지인들과 공저로 『가장 먼저 가족입니다』라는 네 번째 종이책도 출판을 했지요. 퇴직 후 놀려고 했는데, 2024년 봄, 3~4월 두 달만에 책 두 권을 쓰다니 만족스러웠습니다. 스스로 잘 해 냈다는 성취감에 취해 "이젠 정말 여행 다니고 골프나 치고 놀아야지!"라고 생각했어요.

그러던 어느 날 전자책 탄생을 도와 준 일등 공신인 비티오 님으로부터 연락이 왔습니다. 〈책쓰기 모임〉을 시작하는데 "함께 종이책을 써 보시면 어떨까요?"라는 제안이었지요. 즉시 "YES!"라고 대답을 덜컥 해버렸어요. 한 달 만에 출판사 투고할 원고를 써야 하는데 과연 내가 해 낼 수 있을까?' 하는 두려움이 밀려오기 시작했습니다. 겉으로는 강해 보여도 속으로는 눈치 보는 소심한 성격이라, 주춤거리며 망설였지요.

그러던 중 글쓰기 과정 오리엔테이션으로 줌 화상 회의를 마친 후 마음이 편해졌어요.

"누구나 작가가 될 수 있다."
"피그말리온 효과, 생각이 현실화 된다."
"글만 열심히 써 주세요."

제가 가진 좋은 성품 중 하나인 긍정적 마인드가 발동되기 시작한 것입니다.

"Look on the bright side!
긍정적으로 생각하자!"

"이 사람들과 함께 하면 나도 할 수 있겠다.
혼자라면 어렵지만 격려하고 지지하면 할 수 있다!"

특히, "책 쓰기의 최상위 목적은 세상에 도움이 되는 가치"라는 말을 듣는 순간 '그동안 열심히 살면서 자아실현해 온 이야기를 글로 남겨야겠다!' 마음먹고 제목을 결정했지요.

오늘부터 자아실현 꽃피우자!
태아기부터 노년기까지
행복한 나 만들기 가이드북.

제 삶의 이야기이자 우리들 자아실현 이야기를 나누게 될 책입니다. 이 책을 읽을 독자님들 삶에 자아실현 꽃 피우는 터닝 포인트가 되어 준다면 참 행복할 거예요.

사랑하는 독자님들, 지금 행복하시다면 그냥 누리고 사세요. 누리는 삶이 천국입니다. 힘들고 어려운 고난 시기를 지나가고 계시다면, 힘내세요. '내 힘들다!'를 거꾸로 다시 쓰면 '다들 힘내!'가 됩니다. 어두운 터널을 통과하면 빛이 비추는 시온의 대로가 보일 거예요.

죽음의 위기를 세 번이나 만났지만 살아 낸 불사조 여인 조남희의 『오늘부터 자아실현 꽃 피우자』를 읽으시면서 함께 인생 여정 걸어가면 좋겠습니다.

독자님들은 꽃길만 걸으시길!
저도 남은 생은 꽃길만 되었으면 좋겠습니다.

우리 함께
손 잡고

자아실현 자아성장
자아초월 동반성장

꽃길만 걸어 가요!

♥ 사랑합니다 ♥

– 2024년 10월 4일,
Peace & Joy Healing House에서

목차

2부 성실하고 똑똑한 어른은 이때 결정된다

1부

오늘부터 자아실현으로

인생 꽃피워라!

1장

바로 지금 여기에서
자아실현 시작!

1.

내 인생의 주인공은
바로 나!

"모든 인격의 궁극적인 목표는 자기다움(selfhood)
과 자기실현 상태를 달성하는 것이다."
– 캘빈 S. 홀, 『융 심리학 입문』 중에서

세상에서 가장 소중한 신은?
바로 자신이다.
자신이 지키고 보호해야 할 소중한 신은 누구일까?
제정신이다.

정신 똑바로 차리고 나 자신에 집중해야 한다!

세상에서 가장 아끼고 사랑해 주어야 할 대상이 나 자신임을 얼마나 인식하고 있을까? 많은 사람들이 이것을 모르고 살아간다. 그래서 자아실현 여정의 출발점은 '나와 나 자신과의 관계'인 자아관계부터이다. 세상 사람들이 뭐라 해도 나는 나에게 이렇게 고백해야 한다.

<blockquote>
"내 인생 주인공은 나다."
"나는 나를 사랑한다!"
</blockquote>

〈나 사랑하기 선언문〉을 만들고 수시로 외쳐 보라.

나 사랑하기 선언문

1) 나는 나다 (I am I)
2) 나는 괜찮다 (I am OK)
3) 나는 할 수 있다 (I can do)
4) 나는 나를 사랑한다 (I love me)
5) 나는 나를 실현한다 (I make self-Realization)

1) 나는 나다 (I am I)

"나는 나다!"라는 문장은 존재로서 자신을 인정하는 것이다. '미친 존재감'이란 단어가 유행이었다. 어느 곳에 있든지 그 사람의 존재가 두드러지고 빛이 난다는 것이다. 자신감 있게 자신만의 '미친 존재감'을 드러내자. 근거 없는 근자감이 아닌 뚜렷한 근거가 있는 자신감을 가져야 한다.

이 문장을 당당하게 외치며 '나의 나됨'을 선언하자. 자신답게 살아가는 것이다. 조남희는 조남희답게, 황인무는 황인무답게, 각자 자신의 존재를 실현하면서 살아가야 한다.

개성화 과정

1) 끊임없는 수련
2) 지속적인 노력
3) 최고의 책임과 지혜

자신이 자신답게 사는 것을 칼 융은 개성화(Individuation)라고 했다. 개성화의 과정은 무의식 속에 잠재된 가능성을 의식의 세계에서 수용하여 실천에 옮기는 능동적인 자기실현이다. 개성화의 목표는 완전히 자기 자신을 인식하고 자기 의식과 인격을 통합하는 것이다.

2) 나는 괜찮다 (I am OK)

"나는 괜찮다!"라는 문장은 자신만의 가치 판단을 뜻하는 것이다. 즉 자아 존중감(Self-Esteem)을 갖게 하는 문장이다. 자신을 귀하게 여기며 스스로를 괜찮은 존재로 느끼고 행복감을 맛볼 수 있게 한다.

남들은 아무도 모르는데 "너는 도대체 왜 그러니!" 자기 비하하며 스스로에 대한 불만을 느끼면 자괴감. 자멸감을 느끼게 된다. 실수나 실패를 했을 때에도 나 자신에게 위로가 되는 말을 들려주어야 한다.

"괜찮아. 누가 뭐래도 너는 참 괜찮은 사람이야."
"실수 하면 어때! 실패해도 괜찮아!
다시 한번 해보는 거야!"

3) 나는 할 수 있다(I can do)

"나는 할 수 있다!"는 문장은 능력에 관한 표현이다. 자기 암시, 자기 확언 문장으로 자기효능감(Self-Efficacy)을 만들어 준다. 주어진 영역에서 개인적 유능감에 대해 스스로 느끼는 믿음을 의미한다. 무엇을 할 수 있는지 생각하며 노력함으로써 만들어가는 성공감, 즉 성취감을 가져다준다.

사회적 인지 이론가인 반두라(A. Bandura)는 자기효능감을 "어떤 목표를 달성하기 위하여 요구되는 활동을 조직하고 실행하기 위한 자신 능력에 대한 믿음"이라 했다. 높은 자기효능감은 개인이 특별한 행동을 할 수 있는 힘의 원천이 되어 준다. 자기효능감이 높으면 실수나 패배에 굴하지 않고 문제를 직면하고 더 많은 노력을 통해 성공을 이루게 된다.

나는 "포기란 단어는 김장할 때 배추 셀 때만 쓰는 단어이다!"를 외치면서 끊임없는 도전을 하면서 살아 왔다.

4) 나는 나를 사랑한다(I love Me)

"나는 나를 사랑한다!"라는 문장은 매일 스스로에게 들려주어야 한다. 우리는 "I love you!"란 말은 자주 하지만 내가 나 자신에게 사랑을 고백하는 "I love me!"라는 말은 하지 않는다. "남희야! 내가 너를 사랑해!" 이런 표현을 하는 경우는 거의 없다. 나와 나 사이의 만남에서 내게 들려주는 사랑 언어가 필요하다.

"사랑해 남희야!"
"그동안 살아 내느라 고생했다!"
"수고했다. 애썼다."
"고마워! 나는 너를 사랑해!"

이런 말을 들려준다면 내 영혼은 얼마나 기쁘고 행복할까? 자기 사랑은 자신을 아끼고 존중하며 살아가는 것을 의미한다. 세상 사람들이 누가 뭐래도 자기 자신을 스스로 보듬어 준다면 참으로 행복한 사람이 될 것이라 확신한다. "당신은 사랑받기 위해 태어난 사람입니다." 상담

현장에서 자기 사랑 언어를 스스로 들려주는 자기 치유의
시간은 감동의 메아리 눈물바다가 되는 귀한 시간이다.

나는 나를 사랑한다!

5) 나는 나를 실현한다 (Self-Realization)

내가 내 삶을 창조하며 자기실현하는 삶! 인생 주인공
으로 삶을 어떻게 만들어갈 것인가? 우리 삶을 예술적으
로 창조해야 한다는 의미로 칼 융은 그것을 개성화라고
표현했다. 개성화란 각자가 쓰고 있는 가면(mask)을 벗고
본래 자기(self)가 되어가는 것이다. 그 끝은 자아실현으
로, 내가 내 인생 주인공이 되어서 자기만의 독특한 인생
을 만들어 가는 창조적 삶을 살아가는 것을 의미한다.

나는 나를 실현한다.

자아실현을 위한 나 사랑하기 선언문

1. 나는 나 자신을 좋아하고 사랑한다.

2. 나는 나 자신을 기쁘게 만족시킬 수 있다.

3. 나는 다른 사람을 기쁘게 해 줄 수 있는 사람이고
   그들도 날 기쁘게 해 준다.

4. 나는 확고한 사람이고 남의 확고함도 받아들인다.

5. 나는 다른 사람에게 그들을 잃어버릴 것에 대한
   두려움 없이 '안 돼' 라고 말할 수 있다.

6. 내가 나를 더 좋아하고 존중할수록
   남들도 그렇다는 것을 명심한다.

7. 나는 매력적이고 사랑스럽고 내가 이렇다는 것을 알수록
   더욱 믿을 것이다.

8. 나는 성공을 자신할 권리가 있고 상황이 아무리 힘들어도
   반드시 해낸다.

9. 나는 가치 있는 사람이다. 아무도 나를 대신할 수 없다.

10. 나는 누구하고 같이 있든지 자족할 수 있다.

11. 나는 누구와 같이 있든지 사랑받고 존중받는 사람이다.

12. 나는 이 세상에서 소중하고 둘도 없는 존재이다.

2.

나를 행복하게 하는 기적,
자아실현

1) 자아실현이란 무엇일까?

 '자아실현'의 국어 사전적 정의는 '자아 본질을 완전히
실현하는 일'이다. 자아(ego)란 자기 자신에 대한 의식
이나 관념으로 성격의 한 요소이다. 지그문트 프로이트
(Sigmund Freud)는 자아를 '초자아(super-ego)와 원초
아(Id) 사이에서 현실 원리를 따라 자신의 욕구를 표현하
고 만족시키는 정신적 구성 요소'라 했다. 영국 철학자 그
린(Green T. H.)은 자아실현을 인생의 궁극적 목적이라
했다. 학습 백과 사전에는 '개인이 지니고 있는 소질과 역

량을 스스로 찾아내서 그것을 충분히 발휘하고 계발함으로써 자신의 이상을 실현하는 것'이라고 쓰여 있다.

애브라함 매슬로(Abraham Maslow)는 생리적 욕구, 안전 욕구, 소속과 애정에 관한 욕구, 존중에 대한 욕구를 '결핍을 채워 주는 욕구'라고 하며, 가장 상위층에 있는 자아실현 욕구는 최고 수준 욕구라고 주장했다.

자아란 사고, 감정, 행위 등 여러 가지 작용을 통일하여 주관하는 주체로 자아실현이란 결국 자기 자신 능력과 개성을 충실하게 발전시켜 완벽하게 이루는 것을 의미한다.

나는 평소에 삼행시 짓는 것을 무척 좋아한다. 언어를 조합하여 의미를 창출해 내는 것이 취미이다. 삼행시를 만들면 "나를 제대로 실현하고 있네!"라는 언어 능력이 빼어난 자신에 대한 자부심이 올라온다. 자아실현을 사행시로 정의해 보았다.

자 : 자기 자신을

아 : 아름답게

실 : 실현하는 삶

현 : 현생을 행복하고 성공적으로 이끄는 자아실현의 인생

R : Real Life(현생에서)

E : Evolution person(발전하는 사람)

A : Awesome(멋진)

L : Languager(언어로 만드는)

I : Identity(자아정체성)

Z : Zero Particles(작은 조각들이)

A : Amazing Shift(놀라운 계기로)

T : Transformation(변화된다)

I : Identity of Miracle(기적적인 자아정체성)

O : Ordinary of Luxury Brand(명품 인생)

N : New Realization(새롭게 만드는 자아실현의 삶)

한 문장으로 정리해 보면, 자아실현이란

"자기 자신을 아름답게 실현하여 현생을 행복하고 성공적으로 사는 것"이다.

즉, 자신의 삶을 명품 인생 만드는 것이 자아실현의 삶이라 정의해 본다.

2) 나만의 자아실현을 정의해 보자

글쓰기를 좋아하는 블로그 친구들과 함께 책쓰기 커뮤니티를 만들었다. 혼자서 글쓰는 작업을 하면 외로울 수 있지만, 함께 힘을 모아 서로를 북돋우면서 글을 쓰니 천군만마를 얻은 느낌이다. 〈혼자&함께〉 이미지를 블로그 이웃으로부터 받았는데 너무 좋았던 기억도 있다. 또한 이번에 책을 쓰면서 함께하는 모임으로부터 도움을 크게 받았다.

〈센체(Sen Sche) 님의 흑백노리 중 let's go together〉

책 쓰기를 시작하며 모임의 친구들에게 "각자가 정의하
는 자아실현이란?"이라는 질문을 던졌다. 동지들 대답 속
에 명언들이 탄생해서 소개한다.

비티오 : 배움과 도움의 인생 사명 실현하는 삶 살기

양박 : 여행처럼 나의 취향을 존중하고 따르는 삶

초이티처 : 같이 성장 할 수 있는 진짜 사랑을 실천하며 사는 삶

뉴질랜드 새댁 : 목표한 바를 열심히 해서 성취하기

어썸인사이트 : 평범한 삶을 위대하게 살기

초코아 : 본질을 파악하고 능동적인 선택을 통하여
　　　　　주인공이 되는 삶

리아 : 나를 있는 그대로 사랑하며 살기

글꽃J : 내가 하고 싶은 것을 하고 살기

위드리드 : 행복을 유지하며 행복하다고 느끼는 것을 하면서
　　　　　세상에 메시지를 전달하며 사는 것

JOY1004 : 나를 찾아 나다운 삶을 아름답게 창조하는 삶

　각자가 자신만의 문장으로 자아실현 정의를 표현했지만 공통점이 있다.

　① 주체는 '자신'이다.
　② 추구하는 바는
　　'자신이 원하는 대로 행복한 삶 살아가기'라고
　　정의한다.

결국 인생의 궁극적 목적은 잠재되어 있던 자아 본질을 깨달아서 완전히 실현하는 것이라 하겠다. 참된 자아실현이란 자신이 정의하는 바대로 살아가는 것이다. 여러분이 정의하는 자아실현은?

나를 찾아 떠나는 자아실현 여정,
독자님들도 함께해 보시면 어떨까요?
빈칸을 채워 보세요

자아실현이란?

_____

_____

_____

_____

_____

3.

나의 욕구와 지능을
분석하라

1) 나의 욕구를 끌어 올리자

인간에게 만족을 주는 욕구는 무엇일까? 미국 유명한 심리학자 애브라함 매슬로는 논문 「인간 동기부여 이론」에서 '욕구 계층 구조 개념'을 발표했다. 그는 인간 욕구를 다섯 단계 피라미드로 묘사했다.

〈매슬로 욕구 5단계 이론〉

   가장 밑의 생리적 욕구는 인간 생존을 위한 욕구이다.
그 다음은 안전에 대한 욕구로 신체적 안전뿐만 아니라 경
제적, 정신적 안정이 포함된다. 사랑과 소속에 대한 욕구
는 다른 사람들과 연결되어 상호작용을 하면서 집단에서
소속감을 느끼고 싶은 감정이다. 그 다음 단계는 존중에
대한 욕구로 타인으로부터 자신의 업적을 인정받고 싶은
욕구이다. 최상위에 자아실현 욕구가 있다. 최종적으로
삶에 만족하게 되면 자아실현을 추구하게 된다고 했다.

자아실현은 개인의 삶의 질과 행복 그리고 성공감에 영향을 미치는 매우 중요한 요소이다. 자아실현 과정이자 목적이 '의식적으로 인식하고 있는 능력에 더해 자신의 잠재적 능력을 발견하고 최대한 발휘하여 삶을 완성시켜 나가는 것'이기 때문이다. 자아실현은 삶의 진정한 의미와 가치를 형성해 준다.

2) 변화와 성장을 위해 자아탐색하라

자아탐색은 인생 목적, 즉 방향성을 뚜렷하게 가지도록 돕는다. 자아 통찰하고 자아실현을 마음에 담고 살아야 하는 중요한 이유가 바로 여기에 있다. 깜깜한 밤바다를 항해할 때 등대 불빛을 바라보고 가면 순항할 수 있듯, 목적은 방향성이다. 아무런 목적도 없이 그냥 살아가는 사람들과 자신의 신념을 발견하고 삶을 주체적으로 살아가는 사람들은 삶의 질이 다르다. 목적은 삶의 원동력이 된다. 자아실현을 목적으로 한 삶은 한 마디로 '변화하고 성장하는 삶'이다.

변화하고 성장하는 삶!
목적이 이끄는 인생!

상담 공부를 새로 시작한 후, "남은 인생 초점을 변화와 성장에 맞추고 살아야지!" 다짐했다. 이러한 변화와 성장, 자아실현 여정은 자기 탐색. 자기 통찰로부터 출발한다. 자기실현의 출발은 자기 질문과 대답으로 만들어진다. 인생은 질문 속에서 답을 찾을 수 있다. 그래서 내가 나에게 묻고 대답하는 자기 질문이 자아실현의 가장 좋은 방법이다.

"JOY야! 너는 어떤 삶을 살고 싶니?"
"너는 무엇을 할 때 행복하니?"
"너의 가치 우선순위는 무엇이니?"
"오늘 점심은 무얼 먹고 싶니?"

끊임없는 질문으로 자기 탐색을 해야 한다. 자기 통찰을 잘 하려면 질문을 통해 내면 음성에 귀를 기울여서 대답을 듣고 진정 내가 원하는 바가 무엇인지 인식하는 과정이 필요하다. 이렇게 자아 통찰하며 살아 온 결과, 비교적 건강하고 행복한 삶을 살아올 수 있었다.

자아실현에 도움이 되는 질문을 통해 자아를 찾는 여행을 시작해 보자.

1) 나는 행복한가? 불행한가?

2) 나는 안전한 생활을 하고 있는가? 불안한가?

3) 나는 신뢰할 수 있는 사람인가? 불신감이 있는가?

4) 나는 스스로 잘 하는 자율성이 있는가?

5) 나는 솔선성 있는 사람인가? 죄책감이 있는가?

6) 나는 근면한 사람인가? 열등감이 있는가?

7) 나 자신의 자아정체성이 잘 확립되어 있는가?

   주체성 혼란을 겪는가?

8) 나는 친밀감 형성이 잘 되어 있는가?

   친밀감 형성이 어렵고 고립감을 느끼는가?

9) 스스로 생산적인 사람이라고 생각하는가?

10) 지금까지 살아 온 모든 자아를 통합할 수 있는가?

    절망감을 느끼는가?

11) 나의 강점 지능은?

12) 나의 약점 지능은 무엇인가?

    그것을 극복할 수 있는 방법은?

13) 나는 스트레스를 어떻게 반응하고 극복하는가?

14) 나는 자기 표현을 어떻게 하는가?

15) 나는 시간 관리를 어떻게 하는가?

16) 나는 건강 관리를 어떻게 하는가?

17) 나는 감정 관리를 어떻게 하는가?

18) 나의 취미 생활은?

19) 지금 당신의 꿈은?

20) 당신에게 자아실현이란?

3) 나의 강점 지능과 약점 지능은?

그렇다면 우리가 보다 바람직하게 자아실현을 잘 하기 위해서는 어떻게 해야 할까? 자아실현 여정은 내가 가진 재능 점검하기로 이어진다. 하워드 가드너는 『마음의 틀』이라는 저서에서 다수의 능력이 인간 지능을 구성하고 있다는 다중지능 이론을 제시했다. 다중지능 이론에는 인간 지능에 인지적 능력, 재능과 정신적 기능까지 포함되어 있다.

① 언어적 지능

② 논리–수학적 지능

③ 공간적 지능

④ 신체 운동적 지능

⑤ 음악적 지능

⑥ 대인관계 지능

⑦ 자기 성찰 지능

⑧ 자연주의적 지능

중학교 때 조동사 can을 배운 후 책상 앞에 "I can do! Just do it!"을 써 놓고 주문처럼 외쳤다. 그때는 무엇이든 다 할 수 있다고 생각했다. 자신을 믿고 무엇이든 해 보려 했던 무모함은 내가 내 능력 한계를 잘 인식하지 못했기 때문에 나온 것이었다. 그러나 나이가 들면서 지혜가 생기니까 내가 잘할 수 있는 일과 할 수 없는 일에 대한 통찰을 하게 되었다.

가드너의 8가지 지능을 통하여 나의 강점 지능과 약점 지능이 무엇인지 분석해 보았다.

나는 언어적 지능을 선천적으로 타고났다. 고교 시절

장래 희망은 아나운서였다. 국어국문학과에 진학하고 싶었으나 전기대 입시에 실패했다. 할 수 없이 대전 지역 후기대인 한남대에 입학했다. 1학년 때 언어 계열로 들어가서 2학년 때 전공을 선택하는 시스템이었다. 원래는 국문학을 전공하고 싶었는데, 여고 동창 친구들이 모두 영문과에 가겠다고 해서 친구 따라 영문과에 진학을 했다. 영어에 흥미를 못 느꼈지만 전공이니 어쩔 수 없이 영어 공부를 했다. 졸업 후에 아나운서 시험을 봤지만 떨어졌고, 영어 선생님이 되었다. 학생들 가르치는 일은 재미난 일이었지만 영어에는 여전히 흥미가 없었다. 언어 지능 중에서도 영어가 아니라 국어가 내 적성이었던 것이다. 그중에서도 말하기가 천부적 재능이었다. 아! 내가 지금 알고 있는 것을 그때 알았더라면 국어국문학과에 진학했을 것이다. 하지만 그때 나는 자아실현이 무엇인지도 몰랐기에 젊은 시절을 허비했다.

가드너 이론에 따른 언어적 지능 적성에서는 언어학자, 작가, 연설가, 강연가, 방송인, 정치가 등의 직업 분야를 소개한다. 그래도 천만다행인 것은 중학교 영어 선생님, 대학교수를 거쳐서 지금은 결국 글을 쓰는 작가가 되었으니 바람직하게 자아실현을 하고 있다는 자부심이 올라온다. 그동안 열심히 수련한 결과로 대인관계 지능과 자기 성찰 지능도 잘 형성되었다.

5) 서로 약한 점을 보완하는 자기 초월의 삶!

참된 자아실현 여정을 위해서는 강점뿐 아니라 자신의 취약점을 아는 것도 매우 중요하다. 내 약점을 아는 것은 나를 완성해 나가는 과정에서 돌파구를 찾는 것이다. 한계점을 깨닫고 할 수 없고 하기 어려운 분야를 잘 인식해야 한다. 능력 한계를 발견하고 주위에 나보다 더 빼어난 능력을 가진 사람들을 찾아내서 잘 사귄다면, 동반 성장할 수 있는 좋은 기회가 되어 주기 때문이다.

나는 수학 논리적 지능과 컴퓨터 등 기계에 관한 일들에는 취약하다. 그래서 수행하기 어려운 일들은 주위에 잘하는 분들에게 도움을 요청해서 해결한다. 최근에는 블로그 친구 비티오님으로부터 큰 도움을 받았다. 글을 쓸 때

컴퓨터를 활용하는 부분이 약해서 도움을 받아 해결할 수 있었다. 대신 비티오 님에게 말하기 능력에 도움이 되는 스피치 수업을 해 주면서 고마운 마음을 담아 보답했다.

이렇게 내가 가진 자원과 다른 이들 재능을 합쳐서 일을 하니 모든 것들을 다 잘 할 수 있게 되었다. 이제 내 능력에 더해 타인 능력까지 통합하여 시너지를 내서 능률을 극대화로 할 수 있는 풍부한 자원을 갖게 되었다.

> **내가 가진 자원, 그리고 도움을 청할 수 있는**
> **타인의 재능까지 내 능력이다.**

이렇게 서로 잘할 수 있는 부분을 협력하면서 해결하는 것은 상부상조, 상생의 지름길이다.

> **내게 능력 주시는 자 안에서**
> **내가 모든 것을 할 수 있느니라**
>
> – 빌립보 4장13절

앞에서 강조했듯, 자아실현의 목적은 '변화와 성장의

삶'이다. 그러나 여기에는 나 혼자만의 성장뿐 아니라 동반 성장도 포함된다고 강조하고 싶다.

매슬로는 '자아실현은 욕구가 충족될수록 더욱 증대되는 성장 욕구'라고 했다. 그리고 훗날 그는 자아실현 단계를 넘어선 '자기 초월 욕구'를 주장했다. 자기 초월 욕구란 자기 자신을 완성하는 것을 넘어 타인과 세계에 기여하고자 하는 욕구로, 최상위 자아실현이라 할 수 있다.

자아 초월은 주위 사람들과 함께하면 더욱 빛날 수 있다. 결국 개인 성취인 자아실현을 넘어서 자신을 초월하여 다른 사람들을 도와 동반 성장하는 것이 자아실현의 완성이라 할 수 있겠다. 나는 노년기의 구호를 '누림과 나눔'이라 정했는데 이는 자아 초월 욕구를 잘 나타내 주는 문장이라 생각한다. 나 자신의 자아실현과 이웃들의 자아실현을 돕는 자기 초월하는 삶! 가장 보람된 인생이 되어 줄 것이다.

누림과 나눔
자아실현 자아성장
자아초월 동반성장

복된 인생 살아보자!

4.

가족과 함께
자아실현 확장하라

1) Joy의 자아실현 이야기

나는 누구인가? 심오한 질문이다. 이 질문에 대한 대답을 하려면 존재로서의 나와 역할로서의 나, 두 가지를 다 생각해야 한다. 역할에는 가족적 역할, 사회적 역할 등이 모두 포함된다.

1957년 10월 4일 밤 11시 20분, 나는 서울 종로구 충신동에서 조종구 님과 류양숙 님의 큰딸로 태어났다. 여자라는 존재로 이 지구별로 왔다. 부모님의 딸로 보내던 시절에 나는 꿈 많은 소녀였지만 K-장녀로서의 삶은 자아실현보다 엄마를 돕고 동생들을 보살피는 역할이었다.

고등학교 졸업 후 대학을 서울로 진학하고 싶었으나 전기대학 진학에 실패하고 지방대에 들어갔다. 대학교 2학년 겨울 방학에 미팅으로 남편을 만나서 사귀게 되었다. 24살, 사귄 지 3년째 되던 해에 결혼을 했다. 가정 폭력으로 흔들리던 집에서 빨리 떠나고 싶었기 때문이다. 결혼 후 바로 큰아이를 임신하게 되어 중학교 영어 교사를 그만두고 전업 주부로 살게 되었다.

부모님 딸로 사는 동안에는 좋은 자녀이고 싶었고, 동생들에게도 좋은 언니이고 싶었다. 결혼 후에 아내와 엄마 역할로 사는 동안에는 남편에게는 현모양처요, 자식들에게는 좋은 엄마가 되고 싶었다. 두 아들들이 커가는 모습이 대견스러워서 엄마로서의 역할이 행복했고 자랑스러웠다. 아내와 아이들 엄마가 내 이름이었다. 그렇게 살림하는 전업 주부로 평범하게 살아갔다.

딸, 아내, 엄마 역할로의 나!

직업 군인이었던 남편을 따라서 최전방 생활을 했다. 큰아들이 6학년 되었을 때, 공부하고 싶다고 외갓집이 있는 대전으로 전학 보내 달라고 했다. 군인 아들이라 초등학교 때만 네 번이나 전학 다녔는데도 천만다행으로 학업 성적이 우수했다.

전방에 살다 도시로 이사 나오니 공부 잘하는 상위권 엄마들이 선행 학습 과외를 하고 있었다. 아들 녀석이 자기도 과외를 받고 싶다고 했다. 군인 공무원인 남편 봉급으로는 비싼 과외비를 감당을 할 수 없었다. 전직 영어 교사 경험을 살려서 학습지 교사를 시작했다. 그 당시 유명했던 영어 학습지는 교사들이 학부모들에게 교습용 테이프를 판매하고 관리해 주는 시스템이었다. 매일 아침 정해진 시간에 전화로 학생들에게 학습 내용 점검을 해 주고, 일주일에 한 번씩 집으로 방문해서 교습을 해 주었다. 영어 교사에서 퇴직한 후 다시 듣게 된 '선생님' 호칭은 나에게 교사로서의 자부심을 되살려 주었다. 하지만 그 일은 자아실현이라기보다 아들 과외비를 벌기 위한 돈벌이 수단이었을 뿐이었다.

당시 학습지 교사로 높은 매출을 달성해서 부장 선생님이 되었다. 간부 교사는 선생님들 모집하고 교육 시키고 교사들을 배치하고 관리하는 역할이었다. 초등학교 시절부터 임원을 맡았던 경험들이 교사 관리 책임을 다하는 데 도움이 되었다. 엄마의 과외비 지원으로 공부를 한 큰아들은 학업 성적이 우수해서 큰 보람을 안겨 주었다.

아들에게 아무 일도 일어나지 않았다면 나는 그렇게 부모님의 딸, 남편의 아내, 아들 둘 엄마로만 살았을 것이다. 그때 나는 자아실현이 무엇인지도 전혀 모르고 역할 속에 만족하며 그것이 내 인생인 줄만 알고 그렇게 살아가고 있었다.

"사람이 마음으로 자기 길을 계획할지라도 그 걸음을 인도하는 자는 여호와시라"

– 잠언 16장9절

별일 없이 살다가 계획이 아닌 뜻밖의 일들이 발생하면 난 이를 신앙적 관점으로 하나님의 뜻이라 해석했다. 일어난 사건들을 순응함으로 받아들이고 살아왔다.

평범한 중년기를 보내던 어느 날이었다. 그저 자녀들을

잘 키워 좋은 대학 보내는 것이 삶의 목표였다. 나 자신의 자아실현보다는 엄마 역할로 아이들 뒷바라지 잘 하는 것이 목적이었다. "어떻게 해야 일류 대학에 보낼 수 있는가?" 다른 엄마들처럼 최고 관심사는 자식들 성적표였다.

중학교를 우수한 성적으로 졸업을 한 큰아들은 고등학교에 들어가서 반장이 되었다. 나는 학부모 대표를 하면서 아들에게 도움이 되는 열혈 엄마로 열심히 살고 있었다.

그런데 큰아들이 고등학교 1학년 때 같은 반 친구가 휘두른 칼에 찔렸다. 그 아이는 불특정 다수에 대한 원한을 가지고 잭나이프를 소지하고 다녔다고 한다. 반장인 아들과 학급비 걷는 일로 시비가 붙었는데 쉬는 시간에 복도로 나오라고 하더니 바로 칼로 찌른 것이다. 목격한 아이들 말로는 '순간적으로 그 아이 눈에 살기가 번뜩였다'고 하니 지금 다시 생각해도 끔찍한 일이었다.

천만다행히 목을 향해 휘두른 칼은 아들이 팔로 막았다고 했다. 팔에 깊게 상처가 났지만 크게 다치지는 않았다. 다음으로는 옆구리를 찔렀는데 천운으로 갈비뼈에 걸려서 역시 크게 다치지 않았으니 천운이라 여긴다.

그렇게 어느 날 갑자기 학교 폭력 피해자 엄마가 되었다. 가족에게 닥친 위기에 가족 전체가 다 흔들렸다. 나는 뜻밖에 당한 사건에 정신적으로 괴로워하며 밤새 불면증에 시달렸다. 자다 깨서 일어나 방바닥을 구르며 대성통곡을 하고 울었다. 고통스러워하는 내 모습을 지켜보던 남편이 대전에서 치유를 잘하신다고 유명하신 목사님에게 날 데리고 갔다. 목사님께서는 '조울증'이란 진단을 내리셨다. 평소에 긍정적이고 낙천적으로 밝은 성격인데 갑자기 생긴 우울감에 조울이란 진단까지 받은 것이다. 목사님께서는 운영하시던 치유 그룹에 참여를 해 볼 것을 권하셨다.

이렇게 아들 사고로 인해 생긴 심리적 증상을 치료 받기 위해 시작한 공부가 자아실현 여정의 출발점이 되었다. 인생 위기가 기회가 되었으니 새옹지마(塞翁之馬)라는 옛말이 절감된다. 조남희의 자아실현은 고난으로부터 시작되었다. 아들이 당한 상해사건으로 인하여 42살에 늦깎이 만학도가 되어 상담 공부를 시작해서 50살에 박사 학위를 받았다. 우리 집안 여자들에게는 나이 사십 넘어 공부를 시작하는 좋은 전통이 있다. 어머니 류양숙 님은 류관순 열사를 비롯 9명의 건국훈장 포상자가 나온 가문 출신이다. 외할머니인 노마리아 경감님은 40세에 공부하여 당시 여경 시험에 합격해 대구 경찰서장까지 지냈고, 어머니 류양숙 전도사님도 42세에 신학 공부를 시작해 전도사로 자아실현을 하셨다.

〈왼쪽부터 차례대로 대구여자경찰서장 재직시 외할머니,
어머니 대학졸업 사진, 나의 박사학위 사진〉

나 역시 그렇다. 박사가 되다니 내 삶에 단 한 번도 예상하지 못했던 일이었다. 그 후 대한 가정법률 복지 상담원 원장으로 자원봉사를 하게 되었다. 그러다 보니 임상 경험을 인정받아 전주 기전대학교 겸임 교수로 발령받게 되었다. 3년 동안 가르치는 일에 몰두했다. 그 후 대전 건양대학교 보건복지대학원 치유선교학과 대우 교수가 되어 상담학을 가르치며 제자들을 양성할 수 있게 되었다.

딸 역할, 아내 역할, 엄마 역할로만 살던 사람이 공부를 해서 박사가 되고 상담원 원장, 대학교수가 된 것이다. 자의가 아닌 환경의 영향으로 나를 실현하는 삶을 살게 되다니, 기적이라 생각한다. 그래서 "모든 것이 은혜였노라!" 고백할 수 있다.

모든 것이 은혜입니다.

2) 가족과 함께 이룬 자아실현 열매들

나는 한 사람의 객체이자 가족의 일원으로서 복합체이다. 나 자신의 자아실현도 중요하지만 가족 안에서의 역할도 중요한 자아실현 덕목이다. 개인의 자아실현은 물론 가족들과 동반 성장하면서 각자 자아실현을 할 수 있다면 금상첨화 자아실현이 될 것이다. 내가 나로서 자아실현하는 삶을 살 수 있었던 것은 가족들 도움이 컸다. 엄마와 아내 점수는 부족하지만 자아실현 길을 잘 가고 있는 사람으로 가족들이 인정을 해 주니 고마울 뿐이다. "당신, 대단해! 책을 쓰다니!" 충청도 양반 츤데레 남편이 칭찬을 해 주었다. 아들 며느리들도 나를 자랑스러워한다. 가족들의 인정을 받는 보람된 삶이다.

(1) 남편의 장군 진급

15년간 전업 주부일 때 의식주를 잘 챙겼다. 삼시 세끼 중 두 끼 이상 챙겨 주었고, 다른 주부들과 마찬가지로 청소, 빨래 등 집안일이 많아서 하루 종일 해도 시간이 모자랐다. 더군다나 두 아들을 양육하는 동안에는 남편이 부대 일로 너무 바빠서 혼자서 독박 육아를 했다. 요즘 아들들이 각각 딸을 낳았는데, 의사로 대학교수로 바쁜데도 퇴근 후 육아를 돕는 모습이 보기 좋고 한편으로는 부럽기까지 하다.

그러나 42살에 다시 공부를 시작해서 8년간 공부에 몰두하면서 아내 역할을 제대로 하지 못했다. 공부를 시작한 후 남편은 '영식님'이 되셨다. '영식님'은 집에서 밥을 한 끼도 안 먹는 남편을 의미한다. '일식군'은 하루 한 끼를 집에서 먹는 남편, '삼식이'는 하루 세 끼를 다 먹는 남편을 말한다고 한다. 남편은 기꺼이 영식님이 되어서 아내가 자아실현을 잘 할 수 있도록 배려해 주었다.

또한 남편도 2005년에 모든 군인들의 바람인 장군으로 진급을 했다. 2014년 7월 29일 육군 참모차장으로 예편을 하고 후에 국방부 차관까지 역임을 했다. 지인들이 내게 내조의 여왕이란 명칭을 붙여 주었다. 공부하느라 바빠서 내조도 잘 못 해 주었는데 그런 소리를 들을 때마다 조금은 부끄러웠다. 남편이 군인으로 성공을 했을 때 나도 꾸준히 공부에 전념해서 2010년 드디어 박사 학위를 받았다. 상담 공부를 시작한 지 12년 만에 목회상담학(Th. M) 박사가 되고 대학교수가 되었다. 이렇게 부부가 서로 자아실현에 도움이 될 수 있다면 최고 멋진 부부라 생각한다.

〈황인무 육군 참모차장 전역식 날〉

(2) 두 아들의 자아실현

대한민국 사회에서는 대부분 '자식 농사를 잘 지었는가'를 판단할 때, 자녀들 대학과 직업으로 평가한다. 큰아들은 고등학교 때 학교 폭력 영향으로 재수까지 했는데, 원하던 의대에 가지 못해서 아버지 권유로 대학 경영학과에 진학했다. 그런데 대학 1학년 첫 학기를 다니던 아들이 자퇴를 하겠다고 의논도 없이 통보하더니 삼수생이 되었다. 다행히 삼수 끝에 원하던 의대 진학을 했다. 의대 졸업 후 영상의학을 전공해서 지금 길대학병원 교수로 재직 중이다.

작은아들도 대학교수이다. 50만 원씩 5년간 적금을 들어 돈을 모아서 작은아들을 중학교 1학년 때 미국으로 한 달간 어학연수를 보냈다. 그 후 아들이 대학 재학 중 미국에 있는 대학에 교환 학생으로 선발되어 1년간 유학을 다녀오기도 했다. 사실 미국 유학은 내 꿈이었다. 학생 시절에는 가정 형편이 어려워서 엄두도 못 냈고 어린 나이에 결혼을 해서 엄마가 되었기에 꿈으로만 남게 되었다. 내가 가고 싶었던 미국 유학 꿈을 아들을 통해 이룬 것이다. 작은아들은 대학 졸업 후 바로 공부를 하기 위해 다시 미국으로 가서 6년간 유학 생활을 했고, 석사·박사 학위를 받게 되었다. 귀국 후에는 건양대와 전주대를 거쳐서 전북대 영어영문학과 부교수가 되었다.

〈작은아들 신임교수 임명장 수여식에서〉

대한민국 사회에서 장군 아내요, 의사와 교수 아들들을 잘 키운 엄마인 것만으로도 남편 출세시키고 자식 농사 잘 지은 사람이라 부러움의 대상이 되겠지만, 나는 나로서 자아실현 여정을 잘 걸어 온 삶이 더 뿌듯하다. 자기소개를

한다면 누구 아내, 누구 엄마보다는 내 이름 '조남희(Joy)'
로 소개할 것이다. 물론 교수, 원장, 작가 역할도 자랑스럽
게 소개할 것이다. 살아 온 인생, 지난 삶, 자아실현 여정
에 뿌듯한 보람을 느끼며 오늘도 열심히 살고 있다.

3) 지금 JOY는 이렇게 자아실현 길을 걸어가고 있다

큰아들이 당한 폭력 사건을 계기로 상담 공부를 시작한
이후 나는 "도대체 나는 왜 이럴까?" 자아통찰(Introspe-
ction)에 몰두했다. 공부를 시작한 후에도 가족 세우기 인
도자로서의 삶은 계획에 없었다. 그저 내 자신 치유에만
몰두했던 때다. 단독 주택을 짓고 집 3층에 JOY 행복상담
원을 차려 놓고 무료 상담 봉사를 하고 있었다. 10여 년간
대전 지역 사람들과 가족 세우기 전문가 그룹을 만들어
함께하고 있었다.

어느 날 멀리 지리산 남원에서 참석하고 싶다는 전화를
받았다. 멀리서 와 주다니 너무 기뻤다. 그 후 전국에서
가족 세우기 프로그램에 참여하기 위해 사람들이 오기 시

작했다. 멀리 제주에서도 비행기를 타고 의뢰인이 왔다. 세상에 이런 일이! 제주도에서까지 치유 받으러 오시는 사람들에게 감동을 받고 본격적으로 가족 세우기 인도자로 남은 인생 봉사해야겠다고 결심했다.

그렇게 시작된 가족 세우기 인도자로서의 삶! 주위 사람들이 기왕에 시작했으니 SNS를 통해 홍보를 해 보는 것이 도움이 될 것이라는 조언을 해주었다. 내 성격의 장점 중 하나는 누군가로부터 어떤 제안을 받으면 신의 계시라 여기고 선뜻 "YES!"라고 수락을 하는 것이다. 해 보고 맘에 안 들면 "그까짓 거 그때 그만 두면 되니까." 우선 시작해서 경험을 해 보는 것이 바람직하다고 생각한다.

SNS는 신세대가 하는 것이 아니던가? 하지만 나는 쉰 세대를 넘어서 예순 세대를 지나 일흔 세대를 앞둔 할머니였다. 더군다나 눈도 노화가 되고 시력이 저하되어 "이제는 컴퓨터와 결별을 하고 멀리 해야지." 다짐을 하던 차였다. 하지만 오늘도 이른 새벽 일어나 컴퓨터를 켜고 책을 쓰고 있다.

오늘 지금 여기에서 자아실현하는 삶을 살고 있다.

"변화와 성장은 죽는 날까지!"를 외치며 열심히 열정적으로 노년기를 살고 있다.

2024년

2월 대학에서 정년퇴직

3월 공저 『가장 먼저 가족입니다』 출간

4월 전자책 『블로그 나라 만세 만만세』 출간

8월 단독저서 집필 활동

10월 생일에 맞춰

10월 4일 저서 『오늘부터 자아실현 꽃피우자』 출간

JOY 행복상담원장

미라클 가족 세우기 인도자

작가

어느 날 꿈을 꾸었다. 꿈에서 지하실을 내려갔더니 10여 명의 여인들이 울고 있었다. 너무 마음이 아파서 초록색 드레스를 나누어 주었다. 앞에서 진두지휘하며 함께 노래도 부르고 춤도 추었다. 슬피 울던 여인들이 울음을 멈추었다. 수심에 가득 찼던 안색이 변하고 화색이 돌기 시작했다. 마침내 얼굴에 광채가 나더니 초록빛 드레스가 밑으로부터 흰색으로 변했다. 모습들이 천사처럼 아름다운 형상으로 바뀌었다.

정신분석을 공부한 학자로서 꿈은 마음을 비추는 거울이라고 생각한다. 사람들의 무의식에서 볼 수 있는 것은 '꿈, 실수, 농담'이라는 것을 잘 알기에 꿈에서 깨어나서 내 무의식을 통찰했다. 개인 무의식을 발견한 프로이트는 꿈을 억압된 욕구의 위장된 표현이라고 하고, 집단무의식을 발견한 칼 융은 미분화된 측면 보상이라 한다.

꿈은 내 마음의 거울이다. 내가 꾼 꿈을 융 관점에서 해석을 해 보았다. 무의식을 의식화 하려면 꿈을 잘 분석해야 한다.

"아직 분화되지 못한 내면 무의식이 꿈으로 표현되었네!"
"아! 내가 앞으로 해야 할 일에 대한 예지몽이구나!
여성 상담 사역을 하게 되겠네."
"꿈꾼 대로 슬픔에 우는 여인들 눈물을 씻겨 주고
기쁨으로 회복시키는 일을 해야지!"

가족 세우기를 인도하다 보면 의뢰인들이 눈물을 많이 흘린다. 그동안 억압해 왔던 감정들이 치유가 되면서 몸 밖으로 흘러나오는 것이다. 눈물을 흘릴수록 몸은 좋아지고, 울고 나면 영혼까지 회복이 된다.

장래 해야 될 일들을 미리 꿈을 꾼 것으로 생각하고 마음에 담아 두었다. 여인들과 함께 눈물을 흘리고 기쁨의 웃음을 웃게 하는 일이 내 사명이다.

꿈은 생각한 대로 이루어진다.
꿈꾼 대로 이루어진다.

뜻이 있는 곳에
길이 있다.
There is a will,
there is the way.
〈Joy1004 좌우명〉

쉬어가는 이야기

인생의 겨울이 곧 다가오네요. 노년기를 지나 죽음으로 가는 길목에서 그동안 자아실현하면서 살아온 삶의 노하우를 전하고 싶었습니다. "나는 행복합니다."가 제 원래 글 문체입니다. 이번 책을 쓰면서 "행복하다."라고 바꾼 것은 독자분들에게 명확한 의사 전달을 하고 싶었기 때문입니다. 본격적으로 이야기를 들려드리기 전, 잠시 쉬어서 가세요.

이 책은 자아실현을 통하여 행복하고 성공적인 인생을 살아가는 구체적인 방법을 알려 드리는 가이드 북이에요. 그동안 심리 치료 현장에서 가족 세우기를 도구로 사용해 사람들을 치유했습니다. 가족 세우기는 가족 치료의 한 방법으로 언어를 통하여 가족 전체 의사소통 방법을 개선하여 해결해 주는 영적 치료 프로그램입니다. 독일의 버트 헬링거(Bert Hellinger) 선생님이 창시하셨고, 그의 수제자인 (故) 박이호 선생님을 통해 한국에 보급되었습니다.

2003년 한국 가족 세우기를 경험한 후 최초로 만들어진 전문과정을 이수하고 지금까지 가족 세우기에 전념했습니다. 심리상담 치료자로 "어떤 방법이 내담자에게 가장 도움이 될까?" 고민하면서 현장에서 사람들을 치유합니다. 가족 세우기 현장에서 가장 우수한 도구는 치유 언어였습니다. 단어와 문장은 1960년 미국의 심리학자인 리차드 밴들러(Richard Bendler)와 언어학 교수인 존 그린더(Jone Grinder)에 의해 창시한 신경언어프로그래밍(Neuro-Linguistic Programming)으로부터 기반을 두고 가족 세우기 창시자인 버트 헬링거 선생님께서 사용하셨던 문장과 제가 임상 현장에서 체험했던 치유 문장들을 사용했습니다.

신경언어프로그램은 인간의 내면에 내재되어 있는 능력의 우수성을 계발하는 새로운 방법입니다. 스승이신 (故) 우제현 박사님으로부터 가르침 받으며 공부할 때 "조남희 선생. 이제 대세는 NLP야. 그동안 사용한 다른 어떤 치유 방법보다 강력한 치유 도구이니 공부해야 해.”라고 권면 받았습니다. 2002년 가을부터 치유에 적용하여 지금까지 놀라운 효과를 경험했습니다. 가족 세우기 인도자로 출발하면서 프로그램 명칭을 〈미라클 가족 세우기〉라고 했습니다. 브랜드인 미라클 가족 세우기는 특허청에 상표 등록을 마쳤습니다. NLP는 사람들이 원하는 것을 쉽고 빠르게 실현하는 데 도움을 주는 인간 모델링(Modeling) 방법입니다. NLP의 위대한 문장 중 하나는 다음과 같습니다.

지도는 영토가 아니다
(The map is not territory)

사람들은 자신이 살고 있는 세상을 스스로 만듭니다. 그렇게 만든 그림이 실제인 줄 알고 믿고 행동하며 사는데, 그것은 그 사람의 주관적 경험일 뿐입니다. 그가 그린 지도는 실제 영토가 아니라는 것이지요. 결국 인간 경험에는 구조가 있어서 구조를 바꾸기만 해도 경험하는 것들을 바꿀 수 있습니다. 탁월한 지도자들은 생각하고 보고 듣고 느끼고 행동하는 패턴이 있습니다. 우리도 그들을 모델링하면 그들처럼 우수한 능력을 실현하면서 살 수 있다고 확신합니다. 이 책을 쓰게 된 중요한 동기가 바로 이것이에요. 제가 행복하고 성공적인 삶을 살아 온 다른 이들을 모델링했듯이 책을 읽는 독자님들도 자신에게 적용해서 지금보다 나은 삶을 살게 되시길 소망합니다.

자식들에게, 손주들에게, 주위 사람들에게 이 책에서 전하는 치유의 메시지를 널리 알려서 많은 사람들이 자아실현하는 멋진 인생을 살게 되는 계기가 되길 원합니다.

자아 실현 멋진 인생
자아 초월 명품 인생

* * *
이 책의 이론적 근거

　발달 심리학자 E. 에릭슨은 정신분석학적 관점에 따라 인간 발달을 영유아기부터 노년기까지 8단계로 나누어서 분석을 했다.

　에릭슨 발달 이론을 근거로 하여 태아기와 노년 이후 죽음을 준비하는 단계까지 자아실현에 대한 이야기를 써 보았다.

발달단계	특징	주요관계	미덕	악덕
영아기	신뢰감 대 불신감	어머니	희망	움츠림, 대식, 폭음, 폭식
유아기	자율성 대 수치심	어머니·아버지	의지력	충동적, 신경질
아동기	솔선성 대 죄책감	가족	목적	억제, 탐욕, 욕심
학동기	근면성 대 열등감	이웃·학교	능력·적격성	비활발, 질투
청소년기	자아정체성 대 정체성 혼란	또래/동료, 외부집단, 리더십 모델	충성	거부, 자만
성인 초기	친밀감 대 고립감	동성·이성친구	사랑	배타성, 호색한
중년기	생산성 대 혼돈	배우자 : (분업과 가사공유)	배려·돌봄	요청 거절, 무관심
노년기 (65-)	자아주체성 대 절망	인류 · 우리들	지혜	우울증, 오만함

〈에릭슨의 심리 사회발달 8단계〉

2부

성실하고 똑똑한 어른은

이때 결정된다

1장

태아기 :

불안한 어른이 될까,
평안한 어른이 될까?

1.

소중한 생명이
자라나는 시간

인간의 생명은 정자와 난자의 결합으로 시작된다. 자궁에 안착한 세포는 40주 동안 엄마 뱃속에서 성장한다. 10개월이라는 짧은 기간이지만 생명이 자라나는 시간이란 의미에서 아주 중요한 시기이다. 때문에 부모들은 태교에 신경을 쓴다.

태교란 새 생명을 잉태한 부모가 태아에게 좋은 영향을 주기 위해서 마음을 바르게 하고 말과 행동을 신중히 하는 것을 의미한다. 특히 임산부의 언행이 뱃속 태아에게 결정적으로 영향을 미치기 때문에 예로부터 태중 교육을 중요시 했다.

그렇다면 오늘날 진정한 태교란 무엇일까? 바로 뱃속

아기 목소리를 들어 주는 것으로부터 시작해야 한다.

"엄마 아빠, 나도 생명이에요.
저를 안전하게 지켜 주세요!"

이 목소리를 잘 들어주느냐 외면하느냐가 훗날 아이가
평안하게 사는 어른이 될지, 불안감에 시달리는 사람이
될지 어느 정도 결정한다. 태아의 목소리를 잘 인식하고
소중한 아기가 잘 자라도록 도와야 한다.

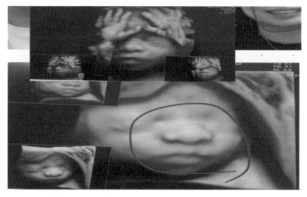

〈큰 손녀딸 찹쌀이의 태아 때 모습: 신기하게 지금 얼굴이 있다.〉

24세에 결혼해서 바로 큰아이를 임신했다. 정든 친정집을 떠나와서 남편 부대 옆에 단칸방을 얻어 놓고 살던 어려운 시기였기에 별다른 태교도 제대로 못 했다. 내가 지금 알고 있는 것을 그때 알았더라면 태교부터 다시 하고 싶다. 아무런 생각 없이 열 달을 보내고 출산을 맞이했으니 무모하고 무지한 엄마였다. 그래서 며느리들이 임신을 했을 때 아들들에게 하루에 한 번씩 아내의 배에 손을 대고 아가에게 축복의 언어를 들려주라고 당부했다. 특별히 산모 건강 관리를 잘 하도록 마음을 써주었다. 한 번은 큰며느리가 울면서 전화를 했다. 입덧이 너무 심해서 제대로 먹지도 못한다며 너무 우울하다는 것이었다.

 "아가야, 네가 좋아하는 금 세 덩어리 보냈단다. 현금 방금 입금!"

 그 소리를 들은 며느리가 크게 웃으면서 좋아했다. 우울증이 금방 사라졌다고 기뻐했다. 요즘 유행하는 금융 치료가 아주 적합했다고 생각한다. 노심초사했는데 다행히 큰아들네 찹쌀이와 작은아들네 토람이는 안전하게 태어나 무럭무럭 자라나서 사랑스런 손녀가 되어주고 있다. 조부모인 우리 부부에게도 큰 효도를 하고 있는 중이다.

2.

평안을 선물하라 :

반드시 안전을 지키기 _ 안전 : 불안

태아기 자아실현에서 중요한 단어는 '평안과 불안'이다. 아이는 태중에서 열 달 동안 영양을 충분히 공급받아 신체적으로 잘 성장하는 것이 중요하다. 태아 입장에서는 뱃속에서의 열 달이 생명에 대한 안전과 불안이 오가는 경험인 것이다. 태교의 정의를 다시 써본다. 태교란 '사랑하는 내 아이 목소리 듣기'다. 무엇보다도 부모 관점이 아닌 아기 관점으로 태교를 해야 한다는 진실을 강조하고 싶다.

"아이야 너를 사랑해. 너는 우리 소중한 아가야! 엄마 아빠가 네가 세상 빛을 볼 수 있도록 지켜줄게."

이렇게 엄마 아빠 목소리를 들려준다면 태아는 심리적으로 부모로부터 안정감을 느낄 수 있을 것이다. 그러면 아이는 부모들에게 이런 목소리를 들려줄 것이다.

"엄마. 아빠 안심하세요. 부모님이 저를 지켜 주시니 저는 잘 자랄 거예요. 매일 매일 듣는 엄마 아빠 목소리에서 사랑받는 느낌, 너무 행복해요!"

아이는 우리와 똑같은 생명체로 한 사람의 존재이다.

아기를 안심시켜 주자. 엄마 뱃속도 세상도 다 안전하다는 것을 알려 주자.

"엄마, 열 달 동안 안전하게 머물다가
엄마를 만날 거예요. 조금만 기다려 주세요."

태아기
자아실현 문장

"엄마 아빠 저를 안전하게 지켜 주세요.
세상 밖에서 엄마 아빠를 만나고 싶어요."

안전(Safety)

:

불안(Anxiety)

3.

태아기 흔적은
오래 남는다

1) 부부싸움 후에 이혼하면 어쩌죠?

한 여성이 가족 세우기장에 찾아왔다. 남편과 부부싸움을 크게 한 뒤에 '이혼하면 어쩌나' 하는 불안감이 올라온다는 것이었다. 가족치료 중 가족 세우기 기법은 대역을 통한 상대방 마음 되어 보기가 가능하다.

대역을 통해 의뢰인 되어 보기를 했다. 뜻밖에 태아가 웅크린 모습으로 안절부절 하며 어찌할 바 모르는 불안 현상을 보였다. 그래서 의뢰인에게 "태아 때 무슨 일이 있었어요?" 질문을 했다.

"엄마가 저를 임신했을 때 부모님들이 부부 싸움을 자
주 하셨어요. 제가 태아 5개월 때 아버지께서 엄마랑 싸우
시고 집을 떠나셨어요."

부부 싸움 후 결국 아버지가 집을 나가셨고, 별거하다
가 이혼을 했다고 한다. 그래서 친정 어머니와 단 둘이 생
활했다는 사연이었다. "아버지가 가출하던 날, 5개월 태
아였던 당신은 그런 아버지 모습을 보고 뭐라고 말하고
싶었어요?" 물어 보았다. 그녀가 울면서 말했다

"아버지, 제발 나를 떠나지 말아 주세요. 제가 잘할게
요! 저는 아버지가 필요해요!"

그녀는 엄마 뱃속에서 떠나는 아버지에게 하지 못했던
말들을 쏟아 놓으면서 한참을 울었다. 다행히 의뢰인은
결혼 이후에는 아버지와 왕래를 하고 산다고 했다.

치유의 문장

"다 지나갔습니다. 이제 모든 것이 잘 되었습니다."
"생명 주신 아버지 고맙습니다.
당신이 비록 저를 떠났지만 엄마의 도움으로
이렇게 성장했습니다!"
"아버지! 이곳에서 사랑하는 남편과 함께 잘 살 수 있도록
저를 축복해 주세요."

2) 아이가 '엄마'보다 '무서워!'라는 말을 먼저 했어요

"몇 번 유산 끝에 임신을 해서 간신히 첫 딸을 낳았습니다. 그런데 아이가 말을 배우면서 엄마란 말보다 무섭다는 말을 먼저 했어요!"

첫 아이를 키우는 젊은 엄마의 하소연이다. 가족 세우기 기법으로 엄마와 딸을 장에 세웠다. 무의식의 모습을 보니 아이 내면은 정상이었다. "엄마 엄마!"하며 엄마인 의

뢰인을 부르고 있었다. 하지만 딸 앞에 잘 서 있던 의뢰인
이 갑자기 겁에 질려 하면서 태아 모습으로 퇴행되었다.

그리고 "엄마, 무서워요. 너무 무서워요!" 소리를 반복
했다. 의뢰인에게 질문을 했다. "도대체 태아 때 무슨 일
이 있었나요?" 그녀가 대답을 했다.

"저를 임신했을 때 친정 엄마가 입덧이 너무 심했다고
해요. 그래서 유산해야 하는가 고민하셨대요."

실제로 의뢰인이 엄마 뱃속에서 무서웠다는 소리를 입
밖에 냈을 리 없다. 하지만 그녀가 표현 못 하고 무의식의
창고에 억압했던 "죽을까 봐 무서워!" 소리가 딸에게 대
물림된 것이다. 그녀 무의식 창고에 저장되어 있던 "무서
워!"란 단어가 태중 아이에게 전해졌고 아이가 말을 배울
때 "무서워!"라고 표현을 하게 되었으니 정말 무의식의 영
향은 대단하다.

그녀와 친정 어머니를 가족 세우기 장에 세우고 치유
작업을 진행했다. 친정 어머니를 향하여 문장을 고백하게
했다.

치유의 문장

"어머니. 그럼에도 불구하고 저를 낳아 주셔서 고맙습니다.
저는 당신으로부터 생명을 받았습니다.
당신이 주신 생명을 제 딸에게 잘 전했습니다.
제 딸이 평안하게 잘 자랄 수 있도록 축복해 주세요!"

3) 주위에 아무도 없는 것 같아요

평소에 주위에 아무도 없는 것 같이 혼자인 듯 외로움을 많이 느낀다고 상담을 했다. 언제부터 그런 감정을 느끼며 살았는지 질문을 했다. 의뢰인이 기억하는 것은 다섯 살 전후인데, 엄마도 없고 아버지도 없는 듯한 느낌이 있었다고 했다.

정신분석에서는 초기 기억에 대한 질문을 해서 오래 된 정서를 찾아낸다. 의뢰인과 함께 태아 묵상을 했더니, 그는 엄마 뱃속에서부터 홀로인 듯한 고립감을 느껴 왔다는 것을 발견했다. 그런데 놀라운 사실은 그런 감정이 그녀

것이 아니라 엄마로부터 가져온 집단 무의식 정서였다는 점이다. 그녀 어머니가 임신했을 때 열 달 동안 내내 혼자인 듯한 느낌으로 살아 왔다고 한다. 혼자서 아이를 감당해야 하는 두려움에 사로 잡혀서 힘든 임신 기간을 보낸 엄마 정서가 의뢰인에게 깊숙이 뿌리내려 있었던 것이다.

치유의 문장

"엄마. 그렇게 힘드셨군요.

혼자서 감당해야 하는 두려움 속에서

열 달 동안 저를 돌보셨군요.

엄마 저는 정말 몰랐습니다.

저를 임신하신 동안 그렇게 힘든 시간을

보내신 것을 이제야 알게 되었습니다.

엄마, 모든 것이 잘 되었습니다. 덕분에 제가 잘 태어났습니다.

엄마가 저를 지켜 주신 덕분에

제가 안전하게 세상으로 잘 나올 수 있었습니다.

생명 주신 어머니 고맙습니다.

당신 덕분에 생명을 얻어 지금까지 잘 살 수 있었습니다.

당신이 주신 생명 귀하게 여기고

세상에 빛이 되어서 잘 살겠습니다."

4) 평소에 감정을 잘 못 느끼겠어요

의뢰인은 감정을 잘 느끼지 못하고, 특히 기쁨의 감정을 잘 모르겠다고 했다. 그래서 대역을 통해 의뢰인이 어째서 감정을 잘 못 느끼는지 알아보았다. 그러자 놀라운 장면이 펼쳐졌다. 의뢰인의 태아 시절 느낌이 대역을 통해서 나타났다. 태아처럼 웅크린 모습으로 대역은 이렇게 이야기했다.

"엄마 뱃속으로 다시 들어가고 싶어요! 내가 딸인 것이 너무 싫어요. 아들로 다시 태어나고 싶어요! 엄마가 나를 딸이라고 싫어했어요. 나는 딸인 내가 너무 싫어요."

오랫동안 대한민국에는 남아 선호 사상이 있었다. "아들, 아들이 최고야!" 조선시대부터 아들로 부계 혈통을 이어 나가야 한다 믿고 아들만을 원하던 때가 있었다. 남자는 존귀하고 여자는 비천하다는 남존여비 사상이 지배적이었다. 의뢰인은 엄마 뱃속에서부터 자신 존재를 부정당한 느낌이 들었다고 고백했다. 그리고 치유 문장을 통해 부모님에게 존재 자체로 인정받고 받아들여지는 기쁨을 회복할 수 있었다. 부모님으로부터 인정 받고 싶은 욕구가 태아기 때부터 있었다는 진실을 알게 된 시간이었다. 놀라운 가족 세우기. 정말 미라클이다.

치유의 문장

"엄마, 나를 딸인 존재 자체로 받아들여 주세요.
엄마, 나를 있는 그대로 인정해 주세요.
부모님의 딸로 살고 싶어요.
나는 엄마의 예쁜 딸이에요.
제발 저를 부모님의 딸로 받아 주세요."

4.   (JOY SAYS)

불안에서 평안을
만들기까지

　정신분석 할 때 중요한 질문 중 하나는 "당신은 부모
님이 원한 아이(Wanted baby)인가, 원하지 않았던 아이
(Unwanted baby)인가?"이다. 부모가 간절히 원하고 준
비해서 낳은 자녀들의 마음속에 자존감이 훨씬 더 높게
형성되기 때문이다. 의학적으로는 정자가 난자와 만나서
결합하여 수정란이 자궁에 착상하는 것이지만, '부모가 어
떤 마음가짐으로 아이를 임신했는가?'라는 심리학적 요인
도 매우 중요하다.

　"아버지가 술을 드시고 부부 관계를 하셔서 어머니는
원치 않는 임신을 하셨어요. 어머니가 유산을 고민하다가

낳은 아이가 저예요."

이런 의뢰인을 볼 때 참 마음이 아프다. 안전해야 할 엄마 뱃속에서부터 생존에 대한 불안감이 형성되어서 인생을 불안감에 시달리면서 살게 되는 것이다.

"당신은 부모님이 원한 아이(Wanted baby)인가, 원하지 않았던 아이(Unwanted baby)인가?"

나의 어머니는 여고 3학년 때, 이모부님 주선으로 아버지를 만나셨다. 서울에서 사업을 하던 아버지가 시골로 선을 보러 내려가는 길에 은사이신 큰이모부님께 인사를 드렸는데, 큰이모부님이 아버지에게 어머니를 소개시켜 주셔서 두 분이 운명적으로 만나게 된 것이다.

당시 어머니는 교사의 꿈을 이루기 위해 사범대에 진학하려고 공부에 전념 중이었다. 아버지는 그런 어머니에게 결혼만 하면 대학 입시 공부를 도와주겠다고 약속했고, 두 분은 약혼을 했다. 여고 졸업 후 자손이 귀한 집안이니 얼른 결혼을 서두르자는 집안 어르신들 말에 1956년 11월 20일, 공주여고 강당에서 결혼식을 올렸다. 서울대를 졸업한 27세 청년 사업가와 공주여고를 갓 졸업한 20세 어린 신부 결혼식 사진이 지금도 빛바랜 사진으로 남아있다.

⟨1956년 11월 20일 부모님 결혼식 사진 지금은 대부분 친척들이 돌아가셔서,
그분들을 추억할 수 있는 소중한 자료이다.⟩

아버지는 결혼 후, 어머니를 대학에 보내 주시겠다는
약속을 지키려 했다고 한다. 하지만 덜컥 원치 않은 임신
(Unwanted baby)이 되었다.

정신분석을 받던 중 태아 묵상을 하다가 태아였을 때
감정이 되살아났다. 태아인 내 주된 감정은 "불안하다!"라
는 두려움이었다. 태아는 엄마랑 탯줄로 연결되어서 엄마
의 모든 감정을 그대로 느끼게 된다. 결국 태아인 내 감정

은 곧 어머니의 감정이었을 것이다.

겨우 20세, 어린 나이에 결혼해서 친정집을 떠나 낯선 시댁에서 교사의 꿈을 접고 시집살이를 하게 된 새댁. 얼마나 두렵고 불안했을까? 내 태아기 주된 감정이 불안감일 수밖에 없었던 이유가 여기 있다. 상담 현장에서 태아 체험을 했을 때 엄마 뱃속에서 나는 두렵고 불안했다. 살아오면서도 알 수 없는 불안감에 자주 시달렸다. 그때마다 자기 암시 문장을 외치곤 했다.

"다 지나갔어. 이제 잘 되었어.
너는 잘 태어났고 잘 자랐어!"

정신분석을 하면서, 나를 임신했을 때 엄마가 경험한 불안한 감정이 쓴 뿌리가 되어 내 내면에 미해결과제로 내재되어 있었음을 깨달았다. 그 후 상담을 통해, 무의식 속 감정을 불안에서 평안으로 만들기까지 아주 오랜 세월이 걸렸다.

쉬어가는 이야기

아가에게 쓰는 편지

사랑하는 아가야! 네가 장성한 이후 오랜만에 편지를 쓰는구나! 이 편지는 너에게 쓰는 편지이자 모든 엄마들이 자식들에게 전하는 사랑 글이야. 1980년 12월 27일 결혼하자마자 뜻밖의 선물로 우리 부부에게 찾아왔지. 엄마는 중학교 영어 교사로 재직하고 있었는데, 병원에 가서 검진을 하고 네가 생겼다는 사실을 알았어. 의사 선생님께서 직업이 무엇인지를 물어 보셔서 선생님이라고 대답했더니 "유산 증상이 있어서 오래 서 있는 일이 힘드니 일과 아이, 둘 중 하나를 선택해야 한다."라는 청천벽력 같은 말씀을 하셨단다. 잠시 당황했지만 엄마는 망설임 없이 학교에 사직서를 내고 전업 주부가 되었어. 오직 너를 살리기 위해 한 선택이었다. 지금 다시 회상해도 최선의 선택이라 생각해.

도시 처녀인 엄마는 아빠가 근무하던 경기도 양평군 개군면 부대 옆, 총각 때 살던 단칸방에서 신혼살림을 시작했어. 아빠가 출근하시면 아무런 연고도 없는 낯선 시골에서 너와 단둘이 시간을 보냈지. 돌이켜 보면 엄마도 아빠도, 부모 경험도 없고 태아에 대한 정보도 잘 몰라서 별다른 태교도 못 했네.

너는 엄마 뱃속에서 유독 태동이 심했어. 바다에서 큰 물고기를 낚는 꿈을 꾸어서 엄마는 그리도 바라던 아들일 것이라 확신했지. 딸부잣집 큰딸로 태어나서 부모님이 가지셨던 아들에 대한 간절한 바람을 알았기에, 턱하니 아들을 낳아서 할머니 할아버지를 기쁘게 해드리고 싶었어. 엄마는 풍양 조씨 문중 독자이신 아버지와 모든 친척들이 태어날 아이가 아들이기를 소원하는 간절한 바람 속에서 딸로 태어났단다. 그렇게 부모님에게 큰 실망감을 안겨드리며 세상에 나왔단다.

어린 신부였던 할머니는 원치 않는 임신을 하셨었고 임신 기간 내내 외할머니의 주된 정서가 두려움이었기에 엄마에게 지금도 불안감이 종종 찾아오곤 해. 이유를 알 수 없는 불안이 찾아오면 평안을 유지하기 위해 에너지를 많이 소모해야 해.

사랑하는 아가야! 남다른 태교도 하지 못했지만 무사히 열 달이 지나가고, 1981년 10월 4일 오전 9시 13분 서울 길동 오세기 산부인과에서 네가 안전하게 태어났어. 엄마 생일도 너와 같은 10월 4일이잖니? 원래 출산 예정일은 10월 14일이었는데 열흘 먼저 네가 태어나게 되어 엄마와 생일이 똑같은 운명이 된 거야. 띠도 닭띠로 같으니 우리가 모자가 된 것은 하나님 섭리라 생각해.

사랑하는 아가! 네가 우리 자녀로 태어나 주어서 정말 기쁘다. 엄마 아빠가 부모되는 준비가 덜 되어서 부족한 점이 많았던 점은 정말 미안하구나! 우리로부터 세상은 정말 신뢰할 만한 곳이라고 생각하는 믿음을 받았어야 하는데 때론 너에게 불신감을 주기도 했어. 정말 미안해. 세상에 태어나서 첫 번째 자아실현이 부모로부터 받은 신뢰감으로 시작된다는 것을 뒤늦게 깨닫고 후회를 많이 했어. 그래서 이제라도 너에게 이렇게 말할 거야!

"너는 사랑받기 위해 태어난 존재란다. 나는 너를 믿는다. 너도 우리를 믿어 주렴. 세상도 믿어라! 네가 원하는 대로 맘껏 꿈을 펼치면서 살아가렴."

부모 교육도 제대로 받지 못한 초보 엄마 아빠가 너를 키워 낸 일은 기적이라 생각해. "내가 만약 아이를 다시 키운다면?" 하는 회개하는 심경으로 이 책을 쓰게 되었어. 이제 막 새 생명을 잉태해서 부모가 된 부부에게, 자녀 교육에 애쓰고 있는 학부모들에게, 자식 다 키워 놓고 빈둥지 증후군이 찾아와 외로운 중년 부부에게, 어느새 세월이 훌쩍 지나 삶의 마지막 노년기를 보내고 있는 내 친구들에게 엄마의 자아실현 여정을 이야기 해 볼게. 너도 이제 결혼해서 귀한 딸을 낳고 아버지가 되었으니 엄마의 책을 읽고 아이를 키워서 자아실현하는 아이로 성장할 수 있도록 안내해 주렴.

너는 한 여자의 남편이요, 딸의 아버지이지만 엄마에게는 영원한 아가란다.

아가, 내 아가, 영원히 사랑해!

2장

영아기(0-1세) :

세상에 대한
믿음이 피어나게

1.

신뢰감을 가지게 하는
애착 형성이 가장 중요하다

　신생아기 이후 영아는 독립된 개체로 성장한다. 영아기에는 여러 가지 영역들의 발달이 빠른 속도로 이루어진다. 신체 발달, 언어 발달, 사회성 발달 등 인간 발달의 초석이 되는 가장 중요한 시기이다.

　아이들은 기쁨과 슬픔, 불안, 두려움 등의 기본적 정서를 가지고 태어난다. 물론 유전적 요인으로 인한 각각 기질 특징을 보이지만, 공통적으로 이 시기에 중요한 것은 사회적 발달이다. 주양육자를 통해 이루어지는 애착 관계 형성에 초점을 맞추어야 한다.

영아기에는 빠른 신체적 성장이 이루어지며 운동 기능과 감각과 지각이 발달된다. 대근육 운동과 소근육 운동을 통해 바람직한 성장을 이룰 수 있다. 인지적 발달의 경우, 세상에 대한 인식이 감각 기관과 운동 기능을 통해서 발달하게 된다. 이를 감각운동기라고 하는데, 이후 반사 운동기를 거쳐 순환 반응기를 지나는 동안 영아는 자신의 신체에 관심을 가질 뿐만 아니라 외부 세계의 대상에 관심을 가지게 된다.

언어 발달에서 단어나 문장을 습득하는 속도나 시기 등은 개인차가 있다. 주양육자에 의해 어떤 언어 환경에 노출되는가에 따라서 언어 발달이 이루어진다. 아가들은 울음을 통해 의사 표현을 시작한다. 태어나서 세상에 자신의 존재를 알린 것도 첫 울음이었으니 말이다. 이후 옹알이와 한 단어 문장, 두 단어 문장을 학습하면서 언어를 습득한다.

2.

신뢰를 만들어라 :

세상을 믿을 수 있어야 한다 _ 신뢰 : 불신

　이 시기에 아이가 맺게 되는 사회적 관계는 주로 돌보아 주는 사람인 어머니와 맺는 대상 관계이다. 처음으로 맺게 되는 사회관계에서 어머니가 아이의 신체적, 심리적 욕구와 필요를 적절히 충족시켜주어야 한다. 주양육자가 일관성 있게 돌보아 주면, 유아는 어머니 또는 돌보아 주는 사람을 신뢰하게 된다. 그러나 아이 욕구와 필요에 잘 응해 주지 못하거나 아이를 다루는 방식에 일관성이 없으면 아기는 불신감을 가지게 된다.

영아기

영아가 맺게 되는 사회적 관계가 충족될 경우 신뢰감이 형성
되고 욕구와 필요가 충족되지 못했을 경우 불신감이 형성된다.

영아기

자아실현 문장

"제발 내가 세상을
믿게 해 주세요."

신뢰(Trust)

:

불신(Distrust)

3.

엄마를
믿을 수 없었어요

1957년 음력 8월 11일, 서울 종로구 충신동 산파 집에서 딸 다섯 중 장녀로 태어났다. 엄마는 치마에 고추를 따오는 꿈을 꾸셨다. 친할머니는 돼지 한 마리가 방안으로 들어오는 꿈을 꾸셨다고 한다. 8대 종손 가정에서 27년 동안 기다려온 아이가 잉태되었으니 온 집안 식구들 모두 다 아들이기를 바랐다. 6.25 사변 때 남편을 잃고 홀로 아들 하나 키워 온 친할머님은 첫 손주가 아들이 아니라서 서운하셨겠지만 오랫동안 기다려온 귀한 자손이라서 섭섭함을 뒤로 감춘 채 나를 기쁨으로 맞아 주셨다.

고마운 할머니! 태어날 당시는 집안 형편이 가정부를 두고 살 정도로 여유 있었기에, 풍요로운 영아기를 경험했다. 특히 친할머니가 준 사랑은 각별했다. 내게 가장 사랑을 많이 주신 분! 할머니 참 그리운 분이시다.

　내 이야기가 슬픔으로 변하게 된 것은 태어난 직후에 며느리 산후바라지를 위해서 시골에서 올라 오셨던 할머니에게 갑자기 담석증이 발병되어서 병원에 입원을 하게 된 날부터이다. 어머니는 산후 조리도 제대로 못 하고 갓난아이인 나를 집에 홀로 두고 병원을 다니면서 시어머니 병간호에 매달리게 되었다.

　할머니께서 퇴원을 해서 어머니가 집으로 돌아 오셨을 무렵, 나는 이미 악을 쓰면서 울어 대는 아이로 변해 있었다. 버려짐, 즉 유기 공포가 내게 들어온 것이었다. 그리도 나를 힘들게 했던 깊은 슬픔의 정체는 바로 출생 직후 홀로 남겨진 상처였던 것이다. 얼마나 두렵고 슬펐을까! 100일이 지나고서야 울음이 멈추었다고 한다. 얼마나 울어 댔던지 아버지께서 "갖다 버려라!" 하고 소리치셨다고 한다. 나는 지금도 남자들의 큰 소리를 두려워한다.

　울음은 모든 신생아에게 의사소통 도구이지만 내가 큰 소리로 울었던 이유는 공포스러웠던 나를 알아주고 보호해 주고 사랑해 달라는 표현이었다. 그 후로는 다행히 할머님과 부모님들의 극진한 사랑 속에서 회복되었다.

그러나 내가 세 살이 되었을 때, 다시 불행한 사건이 일어났다. 사업을 하시던 아버지가 사기를 당해 회사가 망하게 된 것이다. 아버지는 경찰서 유치장에 갇혔다. 그래도 이 시기에 충분한 사랑을 주신 할머니 덕분에 나 자신과 타인에 대한 신뢰감으로 세상을 긍정적으로 바라보게 되었다. 다섯 중 나만 백일 사진, 돌 사진이 있다. 돌 사진 속 아가는 부잣집 자식처럼 보인다.

〈첫 돌 사진: 1957년 10월 4일 밤 11시 20분 서울 종로구 충신동 출생〉

3장

유아기(2-3세) :

세 살 버릇
여든까지 간다

1.

자율성 있는
어린이가 될 수 있을까?

유아기에는 인지 능력이 급속히 발달한다. 세상을 자기식으로 해석하는 자기중심적 사고가 생기는 시기이다. 더불어 주변 환경에 대한 관심도 늘어나면서 주양육자가 아닌 사람들에게도 관심을 가지게 된다.

유아들이 사용하는 언어에는 자기중심적 사고가 잘 나타나며, 어휘력과 문장 사용량이 증가하면서 타인과의 의사소통이 가능해진다. 자기중심적 언어에서 관계적 언어인 '사회화된 언어'를 쓸 수 있게 된다.

놀이를 통해 새로운 지식을 습득한다. 이때 성 역할에 대한 구별도 하게 된다. 특히 가족이 아동 사회화 발달에 큰 영향을 미치는데, 부모는 아동이 최초로 인간관계를 형성하는 대상이며, 형제자매는 처음으로 경험하는 또래 집단으로 사회화에 영향을 주는 주요 인물이다.

유아기에는 영아기에 비해서 신체적 성장이 느리지만 운동 능력은 급속히 증가한다. 영아기에 걸음마를 배운 아이들은 대근육 운동뿐만 아니라 소근육 운동까지 발달한다. 보통 소근육 운동은 여아들이, 대근육 운동은 남아들이 더 우수하다.

2.

자율성을 키워 줘라 :

스스로 혼자 잘 할 수 있도록 _ 자율 : 수치심

이 시기에 유아는 여러 가지 상반되는 충동 사이에서 스스로 선택을 하게 된다. 이러한 과정을 통해서 자신의 의지를 나타낸다. 주양육자인 부모는 유아로 하여금 사회적으로 적합한 행동을 하도록 훈련시키는데, 이런 과정에서 유아가 사회 기대나 압력을 안게 된다. 이때 통제 기술이 충분히 발달하지 못해서 사회적 기대에 적합한 행동을 원활하게 수행하지 못하게 되면, 유아는 수치심과 회의감을 갖게 된다.

유아기

자율감이 발달하면 스스로 선택하여 자신의 의지를 나타내고
자 한다. 그러나 실패를 경험했을 때 수치심과 회의감이 형성
된다.

유아기

자아실현 문장

"제발 내가 스스로
먼저 하게 해 주세요!"

자율성(Autonomy)

:

수치심, 의심
(Shame, Doubt)

3.

엄마 없이 아무 일도
못 하는 내가 수치스러워요

운수업을 하던 아버지는 친구에게 사기를 당하여 회사를 빼앗겼다. 설상가상으로 아버지가 구치소에 수감이 되는 불행한 사건으로 온 가족이 정신적, 경제적 어려움에 빠지게 되었다.

어머니는 어쩔 수 없이 어린 나를 친할머니에게 맡기고 생활 전선에 나서 생계를 위하여 조그만 구멍가게를 했다. 친구에 대한 배신감과 사업을 잃은 허탈감을 술로 풀던 아버지는 그 분노를 아내인 어머니에게 폭력으로 쏟으셨다. 어린 나는 가정 폭력의 엄청난 공포를 온몸으로 경험하게 되었다.

수치심(Shame)의 정서가 내 안 깊숙이 배게 되었고, 두려움, 공포는 어른이 되어서까지 내게 가장 힘든 정서가 되었다.

상담을 배우기 이전에는, 밤중에 가위에 자주 눌리고 공포스런 꿈도 많이 꾸었다. 지금도 조그만 일에도 깜짝깜짝 놀라는 증세가 몸에 남아 있다. 특히 큰 소리로 화를 내는 남자를 무서워한다. 때론 이유를 알 수 없는 수치심이 올라와서 한동안 심리적으로 무척 힘들었다. 지금은 극복되었지만 자신을 믿지 못하고 의심하는 마음이 어떤 일들을 수행하는 데 걸림돌이 되곤 했다.

그래도 다행히 사랑으로 보살펴 주셨던 친할머니 덕분에 자율성을 갖게 되었다. 엄마의 보살핌을 받지 못했던 상처가 오히려 혼자서 자율적으로 잘해 나가는 성격으로 형성되었으니, 전화위복이라 여겨진다.

4장

아동기(3-6세) :

성실하고 똑똑한 어른은
이때 결정된다

1.

내가 나서서
잘 할 수 있을까?

아동기는 사회화를 배우는 시기이다. 또래 집단과 만남을 통하여 여러 가지 사회적 관계를 학습하게 된다. 식사, 수면, 옷 입고 벗기, 배변 습관 등을 배우는 시기로 운동 능력이나 언어 능력도 증가하게 된다.

아동기의 신체 발달은 영유아기에 비해 속도가 완만하게 성장한다. 하지만 신체 비율은 거의 성인과 비슷해지고 대근육과 소근육도 더 강하고 정교하게 발달한다.

무엇보다 유아기에 비해서 인지능력이 급격히 발전하는데, 상징을 사용할 수 있게 되고 논리적인 사고력도 발달한다. 자기중심적 사고에서 벗어나 타인 관점도 이해하게 된다. 그러나 아동기 사고는 자신이 직접 경험한 세계에 국한되므로 부모들이 폭넓은 경험을 할 수 있도록 도와주어야 한다.

특히 아동기에는 내면화되었던 에너지를 바깥으로 사용하면서 사회문화적 기술을 습득하게 된다. 부모나 형제뿐만 아니라 또래 집단이나 주위 환경에 영향을 받는다. 도덕성도 발달하여 다른 사람들과 더불어 사회 집단에서 규율을 익히게 된다.

언어적으로 중요한 발달은 아동기에 학습된다고 해도 과언이 아니다. 사용하는 어휘와 문법도 눈에 띄게 복잡해지고 문장을 구조적으로 구사할 수 있게 된다. 의사소통 능력이 향상되어 분명한 언어적 메시지를 전달할 수 있게 된다.

2.

솔선하게 하라 :

먼저 잘 할 수 있는 용기 있는 사람이 되게 하라

_ 솔선성 : 죄책감

아동기는 외부 활동에 열정을 보이고, 사회적 관계 속에서 자기 능력을 평가해 보려는 시기이다. 행동은 목표 지향적이 되고, 경쟁적으로 변한다. 이때 아동의 행동에는 상상적인 측면도 포함된다.

이 시기에 어린이는 자신의 큰 계획과 희망들이 결국은 실패할 수밖에 없다는 사실을 깨닫게 된다. 이런 좌절감을 경험하면서 극복하는 능력도 습득할 수 있다. 자신의 계획이나 희망이 사회의 금기를 범하는 결과를 가져올 수도 있다는 사실을 알게 되면서 죄의식을 느끼고, 그러한 충동이나 환상을 억제한다.

이때 자아의 바람직한 방향은 사회적 관계 속에서 자기 중심적 사고를 벗어나 타인을 배려하면서 함께하는 솔선성을 익히는 것이다.

아동기

주변 세계를 적극적으로 탐색하며 자신의 활동을 위해 목표를 설정하고 계획을 세우는 솔선성이 발달한다. 활동에 대한 제재와 비난을 받으면 아이에게 죄책감이 형성된다.

아동기

자아실현 문장

"내가 먼저 솔선해서 잘할 수 있어요!
엄마 덕분에 혼자서도 잘해요."

솔선성(Initiative)

:

죄책감(Guilty)

3.

때로는 죄책감이
올라옵니다

　나의 아동기는 힘들고 외로웠다. 할머니 사랑은 듬뿍
받았으나, 바람직한 행동들을 부모님으로부터 교육받지
못했다.

　이웃에 이모 딸인 사촌 언니가 살고 있었다. 그 언니는
이모님 부부가 아이가 없어서 입양한 자녀였다. 종종 언
니가 내게 어머니 가게에서 사탕이나 과자를 가져오라고
시켰다. 별다른 죄책감 없이 엄마 몰래 훔쳐다가 나누어
먹곤 했다. 나중에 이것이 훗날 내게 나타난 훔치는 행위
(도벽)의 뿌리가 되었음을 깨닫게 되었다. 사랑 결핍과 부
모님으로부터의 교육 부재는 내게 충동적으로 훔치는 행

위(주로 부모님 지갑 속의 돈)로부터 쾌감을 느끼게 했고, 심한 죄책감을 가지게 되었다.

결혼 후 아이를 키우면서, 큰아들이 내 지갑에 손을 대는 것을 알게 되었다. 나는 이때 아이를 심하게 때렸다. 아이를 과도하게 혼내면서 내 어린 시절을 되돌아보았고 눈물을 흘리면서 회개했다. 도벽은 사랑 결핍에 대한 보상 행동임을 깨닫게 된 것이다. 지금은 조금 자유로워졌지만 죄책감은 내 발목을 붙잡아 괴롭히는 저주의 정서이자, 동시에 하나님 앞에서 죄인이라 고백하면서 은혜를 구하는 축복 감정임을 고백한다.

"아! 나는 당신 앞에 죄인입니다!"
"이러한 죄인을 구원해 주셔서 고맙습니다!"

5장

학동기(7-12세) :

부지런한 사람이
공부도 잘한다

1.

부지런하고 성실한 성격이
될 수 있을까?

   7세부터 12세까지, 초등학교에 다니는 시기를 학동기라고 한다. 주된 생활 환경이 가정에서 학교로 옮겨지고 가족 중심적 관계를 가졌던 아이에게 또래 집단 중심의 사회적 관계가 중요시 된다. 학동기는 아동기와 사춘기 중간 과정으로 상대적으로 조용한 시기이며, 프로이트는 이 시기를 잠복기라고 표현했다.

   운동 능력 발달은 성별이나 개인에 따른 차이가 있지만, 7세경이면 대근육과 소근육 발달이 거의 완성된다. 이때 운동 능력이 정교하게 발달된다. 더불어 인지적 능력도 상당한 발전을 보인다. 직관적 사고에서 논리적 사고로, 자기중심적 사고에서 탈중심화한다. 타인의 입장을 수용하게 되며 환경에 적응하는 적응력도 길러진다.

무엇보다 생각, 감정, 행동을 조화롭게 표현하게 된다. 어휘력과 문법력이 증대되며 문장의 구조를 이해하고 적절히 사용하는 창조적 의사소통 기술이 발달하기 때문이다. 덕분에 타인과 대화할 때 자신이 말하고자 하는 메시지를 잘 전달할 수 있다.

아이는 이 시기에 학교생활을 통하여 사회화 되어 간다. 또래 관계 속에서 도덕성이 발달되고 준법정신이 함양된다. 이 과정에서 근면성 발달이 좌절되었을 때 열등감이 자리 잡게 되면 여러 가지 문제 행동들이 나타나기도 한다. 부모들은 학동들이 보다 바람직하고 성공적인 학교생활과 또래와 상호 작용을 잘 할 수 있도록 배려해 주고 문제 행동을 발견하여 적절한 훈육을 해 주어야 한다.

2.

근면을 가르쳐라 :

포기하지 않는 원동력 _ 근면성 : 열등감

   에릭슨은 학동기 단계를 자아 성장의 결정적인 시기라고 보았다. 이 시기 어린이는 기초적인 인지적 기술과 사회적 기술을 습득하게 된다. 가족 범주를 떠나 더 넓은 사회에서 통용되는 유용한 기술을 배우려 하기도 한다.

   이 시기 결정적인 단어는 근면성이다. 만일 이 시기에 순조롭게 근면성이 발달하지 못하고, 실수나 실패를 거듭하게 되면 아이는 부적절감과 열등감을 갖게 된다. 이러한 열등감은 전 단계에서 성공적으로 갈등을 극복하지 못했을 때나 혹은 학교나 사회가 아이에 대한 편견적 태도를 취할 때 발달되기 쉽다. 근면성 대 열등감은 성공과 실패라는 평생 주제가 되기도 한다.

학동기

학교생활과 친구와의 접촉을 통해 사회적 기술을 익히고 과제를 성실히 완수하여 성취감을 맛보는 경험을 통해 근면성이 발달한다. 성취 기회가 주어지지 않으면 열등감이 생긴다.

학동기

자아실현 문장

"엄마 나는 부지런한 사람이 되고 싶어요."

근면성(Industry)

:

열등감(Inferiority)

3.

덕분에 평생 부지런하게
살고 있어요

　나의 학동기는 인생에서 가장 아름다운 추억이 있는 시기이다. 부모님과 가장 행복했던 시절이기 때문이다. 6~7살 때 아버지께서 충주 전문대 교수로 직장을 구하셔서 이사하게 되었다. 초등학교 3학년까지, 가장 행복한 기억으로 남은 유년기를 지낸 충주! 내 가슴속 마음의 고향으로 그려지곤 한다. 처음으로 지은 우리 집, 냇가에서 놀던 기억, 논에서 메뚜기 잡던 일. 초등학교 2학년 때 탄금대로 온 가족(할머니, 아버지, 어머니, 동생)이 함께 소풍을 가서 즐거운 시간을 보냈었다. 잊지 못할 아름다운 추억이다.

부모님은 집안의 첫 아이였던 내게 무용·피아노·미술 등을 가르쳐 주셨다. 청주로 무용 대회, 사생 대회를 나갔던 즐거운 기억이 있다.

〈인생에서 부모님과 가장 행복했던 그리운 시절. 아름다운 추억〉

내가 가진 장점 중 귀한 것은 근면성(Industry)이다. 평생을 부지런하게 살아 왔다. JOY는 일생을 부지런한 사람으로 살고 있다. 게으름, 나태함과는 거리가 멀다. 근면한 나 자신에 대한 자부심이 뿜뿜하니 정말 삶이 보람되다.

나는 부지런한 사람이다. 이런 내가 좋다.

대학교 때 친구들이 붙여준 별명은 재빠르다고 '잽싸스'였다. 부지런함과 성실함! 이것이 삶에 활력소가 되어 생을 알차게 꾸밀 수 있는 자원이 되어 주곤 한다.

초등학교 2학년 때 담임 선생님이셨던 안희은 선생님께서 "반장하고 싶은 사람 손을 들어보자!" 하셨는데, 내가 가장 손을 먼저 번쩍 들었다. 선생님은 그런 나를 반장으로 임명해 주셨다. 이때 반장 경험이 초·중·고등학교에서 계속 학급 대표(반장·부반장)를 하며 근면성과 리더십을 키울 수 있었던 계기가 되어 주었다. 덕분에 내성적으로 태어났지만 학동기를 거치며 외향적, 적극적 성품으로 변하게 되었다. INFJ(예언자)가 ENFJ(연설가)로 살게 된 계기가 되어 준 것이다.

선생님은 어머니에게 "두고 보세요. 남희는 신랑감도 저 스스로 찾아서 데리고 올 거예요! 그때 무조건 찬성해 주세요. 똑똑한 아이라서 남편도 잘 고를 거예요!"라고 예언을 하셨다고 한다. 엄마는 내가 선생님의 예언대로 연애 결혼을 하게 되었다고 종종 말씀하셨다. 이렇게 좋은 선생님을 만나서 긍정적인 배려를 받은 경험이 근면성을 키울 수 있었던 계기가 되었다. 참 고마운 분이다. 안희은 선생님 고맙습니다.

나는 일생을 부지런한 사람으로 살고 있다. 근면 성실한 나 자신에 대한 자부심이 넘치니 정말 보람된 삶이다.

**근면 성실은
무형의 자산이다!**

* * *

쉬어가는 이야기

당신이 어린 시절 좋아했던 동화는?

여러분! 어린 시절 좋아했던 동화 한 편 기억을 떠올려 보세요. 정신분석에서는 "당신의 가장 어린 시절의 기억은 무엇인가요?"라고 최초의 어린 시절 이야기에 대해 질문을 합니다. 이 질문은 어린 시절의 기억을 통해 자신에 대해 어떤 자아 이미지(self image)가 형성되었는지를 분석하는 작업이에요.

게슈탈트(Gestalt) 심리 치료에서는 "어린 시절, 당신이 가장 좋아했던 동화는?", "지금 현재 기억나는 동화 한 편을 이야기 한다면?"이란 질문을 통해서 그 사람의 인생 각본을 분석한답니다. 동화를 통한 자기분석 작업은 자신의 인생 각본을 알아차리고 보다 건설적이고 생산성 있는 인생의 태도·습관을 형성하는 데 매유 유익하답니다.

  저는 〈키다리 아저씨〉란 동화를 참 좋아했어요. 여주
인공 주디가 고학을 하면서 혼자서 어렵게 개척하며 살고
있는데 키다리 아저씨라 불리는 후원자를 만나게 되면서
그와 주고받는 편지 내용으로 이루어진 아동 문학이지요.
  상담자인 제가 저 자신을 분석하는 것을 '상담자의 자기
분석'이라 합니다. 상담 현장에서 일어나는 전이·역전이
로부터 자유로워져서 내담자를 잘 분석하려면 먼저 상담
자가 자기 분석을 철저히 수행해야 하지요.

  〈키다리 아저씨〉를 통한 자기분석을 해 볼까요?

  "아! 나에게 키다리아저씨 콤플렉스,
  구원자 콤플렉스가 있구나!"

  콤플렉스란 우리가 가지고 있는 정신에너지의 흐름이
정상적으로 흐르지 못하고 하나의 핵 주위에 결집되어 모
여 있는 것을 의미해요.(예: 오이디푸스 콤플렉스) 키다리
아저씨 콤플렉스는 구원자 콤플렉스에 속합니다. 누군가

가 구원자가 되어 도와주기를 간절히 바라는 콤플렉스이지요. 인생에서 그런 좋은 대상을 만날 수 있다면 행운이겠지만 대부분의 경우 그런 일은 현실에서는 잘 일어나지 않습니다. 동화 속 이야기는 동화 속 이야기일 뿐, 현실은 녹록치 않다는 것을 우리는 이미 경험해서 알고 있어요. 키다리 아저씨를 좋아했던 내면을 분석하면서, 구원자 콤플렉스에 시달리면서 살아 왔음을 깨달았어요. 그렇다면 어떻게 콤플렉스를 극복하고 해소할까요?

먼저 나의 콤플렉스가 무엇인가를 알아차려야 해요. 알아차림(Awareness)은 중요한 자기 인식이지요. 자기인식으로부터 출발하여 완전히 극복하여 콤플렉스로부터 해방되는 것이 정신분석 심리치료 목적입니다.

자, 이제 통찰을 했으니 현실의 삶에 적용해 볼까요?

"나는 나의 키다리 아줌마다!"

누군가 나를 구원해 주기를 기다리던 콤플렉스에서 벗어나 건강한 자아를 만들기 위해서, 우리가 스스로 자신에게 구원자가 되는 자기 사랑 프로젝트가 필요합니다.

내가 나를 위해 키다리 아저씨, 키다리 아줌마가 되어 줍시다. 나는 나의 공주요 왕자입니다.

〈자기 사랑 프로젝트〉

1. 욕구 알아차리기
2. 욕구 수용해 주기
3. 욕구 충족해 주기

내가 좋아했던 동화는?

_____

_____

_____

3부

이제는 자아실현

활짝 꽃피울 때

1장

청소년기(13-18세) :

소년 소녀여,
진정한 자아를 찾아라

1.

내가 누구인지
알고 싶어요

   청소년기는 학동기를 지나 성인기로 가는 과도적 시기로, 질풍노도 시기라고 부른다. 어린이도 아니고 어른도 아닌 어중간한 상태에서 불균형과 불안정감을 느끼게 되기 때문이다. 중학교 2학년 즈음에 많이 나타나기 때문에, 요즘은 '중2병'이라고 부르기도 한다. '병'이라는 말이 이 시기 자녀를 양육하는 부모의 어려운 심경을 대변하는 표현일 것이다.

   급격한 신체 변화가 보이는 시기로 신장과 체중 증가가 가속화된다. 2차 성징이 나타나 신체적인 남성성과 여성성이 뚜렷하게 차이를 보인다. 심리적으로도 사춘기를 맞는다. 성적으로도 성숙하게 되어 강한 성적 욕구를 느끼기 때문에 건전한 성에 대한 교육이 절실하다. 신체적, 생리적 발달과 더불어 인지 발달도 눈부시게 성장한다. 양적 증가와 질적 증가가 병행되고 사고, 행동 등이 개성화된 상태로 나타난다.

이러한 청소년기의 현저한 변화는 동성 친구와 친밀한 우정과 더불어 이성에 대한 관심과 애정이 급격히 나타난다는 점이다. 건전한 이성 교제를 통하여 인격 형성과 바람직한 대인관계 기술을 습득할 수 있다. 성인 남녀 역할을 배움으로 사회적 관계를 형성하는 방법을 숙지하게 된다.

2.

자아정체성을 확립하라 :

나는 나다! _ 자아정체성 확립 : 정체성 혼란

청소년기에는 급격한 신체 변화와 더불어 새로운 사회적 압력과 요구에 부딪힌다. 청소년들은 새로운 상황에 어떻게 대응해 나가야 할지 몰라서 당황하게 된다. 이전 단계까지는 의심과 회의 없이 받아들였던 자기 존재에 대해 새로운 경험과 탐색이 시작된다.

에릭슨은 이 시기 중심과제를 자아정체성 확립이라고 했다. 이 시기 청년들은 자기 자신에 품은 의문에 대한 해답을 찾으려고 애쓰지만, 그 해답은 쉽사리 얻어지지 않기 때문에 고민하고 방황한다. 고민과 방황이 길어질 때 정체감 혼란이 온다. 이 시기에 긍정적인 자아정체감을 확립하면 이후 단계에서 부딪히는 심리적 위기를 무난히 넘길 수 있게 된다. 그렇지 못하면 다음 단계에서도 방황이 계속되고 정체성 혼란을 겪을 수밖에 없다. 바람직한 자아정체성이 확립되지 않으면 때로는 부정적인 정체성을 형성하게 된다.

이때는 특히 부모가 협력자로서 아이를 잘 지켜 주어야 한다. 왜냐하면 고분고분하게 말 잘 듣던 자녀들이 부모로부터 벗어나 독립적 자아를 형성하는 과정에서 부모와의 갈등이 심화될 경우에 정체성 혼란뿐만 아니라 좌절감, 열등감이 표출되기도 하기 때문이다.

그래서 이 시기에는 의사소통을 할 때 부모들이 자녀 관점에서 대화를 해야 한다. 효율적인 의사소통을 부모로부터 학습하여 대인 관계, 직업 선택, 사회생활 등의 인생에서 중요한 가치관들을 새롭게 자신 개성대로 확립할 수 있게 된다. 자녀와 대화를 많이 하자!

청소년기

자기 존재에 대한 새로운 의문과 탐색을 하면서 많은 고민을
한다. 자신의 정체성 확립이 가장 중요하다.

청소년기

자아실현 문장

"엄마 내가 누구인지 알고 싶어요!"
"나는 나예요! 내가 나를 사랑하는 사람이
되도록 저를 인정해 주세요."

자아정체성(Identity)

:

정체성 혼란
(Identity Confusion)

3.

엄마!
나 너무 힘들고 괴로워요!

 초등학교 3학년 때, 아버지께서 고대에 강사로 가시게 되어 충주를 떠나 서울로 이사하게 되었다. 정든 학교 친구, 정든 친구들과의 이별은 내 생애 가슴 아픈 기억으로 남아있다. 서울 구로동으로 이사를 와서 낯선 서울 생활에 적응하느라 힘이 들었다. 초등학교 4학년 때 갑자기 아버지께서 대전 충남대학교로 발령나시게 되었다. 할머니, 나와 동생 남정이는 서울 집이 팔리지 않아 남게 되었다, 아버지, 어머니는 넷째 동생 남해를 데리고 대전으로 이사를 하시게 되었다. 초등학교 4, 5, 6학년, 중 1, 2, 3학년을 할머니와 함께 보낸 후 서울 강남여중을 졸업하고 아버지가 계시는 대전으로 이사를 해서 대전여자고등학교에 입학했다. 서울을 떠나 대전으로 이사를 내려 온 것은 나의 자유 의지가 아닌 아버지의 직장 때문이었기에 마음이 너무 힘들었다.

그리운 이름 할머니! 할머니 지극 정성, 애정과 보살핌 속에 성장한 나는 늘 그리움의 대상이 할머니란 단어이다. 내게 가장 좋은 대상이 되어 주신 분! 아직도 할머니를 생각하면 그리움으로 눈물이 난다. 대전으로 내려와 고등학교에 진학 후 다시 아버지와 어머니와 함께 살게 되어서 행복할 줄 알았다.

하지만 내 인생 가장 고통스러운 시기가 바로 여고 시절, 사춘기이다. 여고 1학년 세상에서 제일 나를 사랑해 주셨던 할머니의 죽음 그리고 아버지의 해직 사건. 가장이 직업을 잃었다. 엄마를 향한 아버지의 가정 폭력. 아버지는 매일 술을 드시고 고래 고래 소리 지르시며 어머니를 때리셨다. 어머니는 소리도 못 내시고 대들지도 못하시고 그냥 맞고 계셨다. 내가 느끼기에 약자였던 어머니는 장녀인 나를 데리고 눈물로 고통스런 현실을 하소연을 하시곤 했다. 자연스럽게 나의 역할은 엄마 보호자, 대리 배우자였고 동생들에게는 엄마 역할을 하는 K−장녀가 되었다. 아버지의 가정 폭력은 한동안 계속 되었다. 어느 날 엄마를 보호하려고 부부 싸움 중간에 개입했다가 아버지 주먹을 맞아서 코뼈가 부러졌다. 병원에도 가지 못하고 반창고를 붙이고 학교에 다녀서 지금도 코가 한쪽이 휘어져서 숨 쉬는 것이 조금 불편하다.

그때 그 시절은 쥐가 출몰하던 어려운 시기라 정부에서 쥐 잡는 날로 정하여서 집집마다 쥐약을 나누어 주었다. 나는 "어떻게 하면 아버지 폭력을 중단시킬 수 있을까" 혹시 내가 죽으면 두 분이 사이좋게 지내실 수 있을까?" 정말 죽고 싶었던 것은 아니었다. 단지 아버지에게 경각심을 주고 싶었다. 쥐약을 복용했다. 어리석은 선택! 천만다행히 치사량이 아니었고 엄마가 일찍 발견해서 대학 병원에서 위세척을 하고 살아났다. 훗날 상담사가 되고 자살 충동에 시달리는 위기에 처한 사람들을 만나면 내가 직접 경험한 자살 시도가 외롭고 괴로운 그들의 마음을 동감하는 데 큰 도움이 되었다. 가장 위대한 상담자는 같은 아픔을 경험한 동병상련 상담자라고 생각한다. 가정 폭력에 노출되어 자살 시도한 청소년기는 생애 바닥을 치는 경험이었다.

집에서는 괴로웠지만, 학교생활은 분노와 슬픔을 명랑으로 위장한 채 지냈다. 슬픔을 웃음으로 방어하는 내 모습! 조울 정서가 이때부터 주된 정서로 자리 잡았다. 겉으로는 "웃는 모습이 예쁜 아이", "항상 밝고 명랑한 아이" 적극적이며 진취적이며 활동적이었던 모습이었다. 누구에게도 어려운 가정사를 털어 놓을 수 없었다.

여고 시절은 문학 서클, 연극반, 방송반(아나운서), 신문사(기자) 등 다방면으로 열심히 지냈다. 어느 누구에게도 내면의 아픔을 이야기하지 않고 겉으로 밝고 환하게 웃으면서 지냈기에 아무도 흔들리는 가정사(아버지의 알콜 중독, 폭력)를 아는 사람이 없었다. 고통스런 집에서 벗어나는 길이 서울로 대학 진학을 하는 것이라 판단해서 공부에 매달렸다. 지하실 단칸방에서 코피를 흘려 가면서 공부에 매달려서 고등학교 3학년 때는 성적이 상위권에 진입했다. 그 당시 대전여고는 지방 명문학교로 많은 친구들이 서울로 진학을 했다. 혼자서 지독하게 공부를 해서 서울 이화여대에 가서 집을 벗어나고 싶었지만, 인생 첫 번째 좌절인 대학 입시 실패로 원치 않은 대전 후기대에 가게 되어 깊은 상처로 남게 된다. 첫 번째 좌절이었다.

자아정체성(Identity), 사춘기의 내 모습은? 자아가 분열된 구조로 이중적인 모습이다. 가정에서는 불안과 수치, 슬픔, 분노로 반항하는 아이, 학교에서는 공부 잘하는 모범생, 명랑 쾌활 소녀 〈달려라 하니〉의 주인공 하니였다. 교회에서는 적극적으로 활동하는 믿음 좋은 소녀. 아버지의 폭력적인 모습을 증오하면서, 어떻게 해서든지 힘든 가정의 울타리를 벗어나고자 죽어라고 공부에 매달렸으나 결국 전기대학 입시에 실패했다. 이때의 좌절 경험은 자존감을 뿌리째 흔들어 놓았었다. 좌절감, 실패감은 부정적인 자아 정체감을 맛보게 했다. 하지만 좌절 속에만 머무르지 않고 열심히 공부하여 후기대학에서 장학생이 되어 우수한 성적으로 대학을 졸업할 수가 있었다.

2장

성인 초기(18-35세) :

나만의 반짝이는
인생을 만들어라

1.

사랑하는 사람을 만들려면
어떻게 해야 할까요?

성인으로 분류되는 시기는 청소년기가 끝나고 시작되지만, 문화, 사회, 개인에 따라 그 시기는 각각 다르다고 할 수 있다. 어떤 사람은 환경적으로 일찍부터 가정 안에서 가장 역할을 맡기도 하고 어떤 이들은 성인이 되어서까지 부모 그늘 아래에서 살기도 한다. 그런 사람들을 요즘에는 캥거루족이라 부른다. 대부분 성인의 보편적 기준은 학업을 마치고 취업을 하여 부모로부터 경제적 독립을 하고 정서적, 물리적으로 부모 곁을 떠나는 것을 의미한다. 이런 독립이 이루어지는 성인기는 인생 후반을 살아가는 데 결정적으로 영향을 미치는 중요한 시기다.

성년기가 되면 신체적, 정신적, 사회문화적으로 성숙해진다. 지적 발달도 최상위에 도달한다. 이때 양호한 건강 상태는 유전적 요인, 자기 관리 능력에 따라 각각 다르다. 체력이 절정에 닿고 사회적, 경제적, 정서적 과업을 스스로 수행할 수 있는 능력을 갖추게 된다. 근력은 25세-40세에 절정을 이루며 이후에는 근력 감퇴가 일어난다.

성인기의 건강은 신체적인 것뿐만 아니라 정신적 요인도 절대적이다. 성인기는 스트레스에 가장 많이 노출되는 시기이기도 하다. 직업 선택과 결혼 등 수많은 스트레스 요인에 노출되는 시기이다. 스트레스 극복은 개인 성격과 밀접한 관련이 있다.

세상을 살아가는 데 가장 중요한 두 영역은 사랑과 일이다. 이 두 가지가 모두 성인기에 완성된다. 사랑은 결혼으로 이어져 가족 집단을 형성하고, 일은 직업으로 연결되어 소득을 창출해서 개인과 가정을 유지시키는 자원이 된다.

특히 직업은 개인의 자아정체감에 큰 영향을 끼친다. 사회적 관계를 가질 때 "나는 어떠한 일을 하는 누구입니다."로 자기소개를 하게 되는 만큼, 직업은 사회생활의 핵

심요소이자 사회적 신분을 결정하는 핵심적인 요인이다. 또한 인간 발달의 모든 측면과도 연결되어 있는데, 신체적, 정서적, 사회적 요인에 커다란 영향을 준다. 개인의 자아존중감(self-Esteem)과 자기효능감(self-Efficacy)의 근간이 되기 때문이다. 무엇보다 직업은 개인의 행복감과 생활 만족도에 지대한 영향을 끼치고 결국 은퇴할 때까지 삶의 질을 결정한다.

2.

친밀감을 배워라 :
나도 사랑하고 사랑받고 싶어요_ 친밀감 형성 : 고립감

    청소년기에는 주로 관심 대상이 자기 자신이었으나, 성인기에 이르게 되면 달라진다. 이 시기의 사람들은 직업을 선택해야 하고 배우자를 찾으려 하므로, 타인 공유적 정체감을 얻고자 한다. 타인과의 관계에서 친밀성을 이룩하는 일이 중요 과업이 되는 것이다. 에릭슨에 의하면 청소년기에 긍정적인 정체감을 확립한 사람만이 진정한 친밀성을 이룰 수 있다고 한다. 정체감을 확립하지 못한 사람은 자기 자신에 대한 자신감을 가지지 못하게 되어 타인과의 관계에서 진정한 친밀성을 형성하지 못하고 고립된다. 자기 자신에게만 몰두하고 세상에서 스스로를 제외시키는 은둔형 외톨이가 되기도 한다. 이 고립의 위기를

건전하게 해결한 경우, 사회 심리적 능력을 가진 사람이 될 수 있다.

학부 수업 때, 에릭슨 발달을 가르칠 때 한 학생이 질문을 했다.

"교수님, 어떻게 해야 여자친구와 친밀감 형성을 잘할 수 있을까요?"

이렇게 대답을 했다.

"네가 먼저 너 자신과 친해지면 된단다."

자신과의 친밀감을 잘 형성하면 타인들과도 바람직하게 친밀감을 만들 수 있다.

성인기

배우자나 직장 동료와의 긴밀한 교류를 통해 친밀감을 형성하는 시기이며, 사회적 관계가 원만하지 못하면 고립감을 느낀다.

성인기

자아실현 문장

"나는 나와 친하고 싶어요.
나는 당신과도 친밀감을 형성하기 원합니다."

친밀감(Intimacy)

:

고립감(Isolation)

3.

사랑하는 사람이
생겼어요!

　전기대학 입시 실패 후, 후기대학에 진학을 했으나 우울
한 대학 생활을 했다. 그러나 '실패에 굴하지 않는 의지력'
은 나를 더욱 학업에 정진하게 하는 힘이 되었다. 덕분에
대학 4년간 열심히 공부에 전념하여 장학생으로 다녔다.

　교회 고등부 때 친구 소개로 만난 첫사랑은 서울 의대
에 진학했는데, 후기대에 다니면서 우울해졌던 자존심을
끌어 올려 주었다. 키가 크고 잘 생겼던 그는 내 이상형이
었다. 우리는 서로 많이 좋아했지만 성격이 맞지 않아서
자주 다투다 결국 헤어지게 되었다. 사랑의 실패. 실연은
크나큰 상처였다. 낙심한 나를 위로하려고 친구들이 미팅

을 주선했다. 사랑의 아픔은 사랑으로 씻어야 한다면서 말이다.

1977년, 대학교 2학년 겨울 방학 첫사랑과 헤어진 지 겨우 일주일 만에 나간 미팅이었다. 그때 운명적으로 남편 (당시 육군사관 생도)을 만나게 되었다. 대전 한 레스토랑에서 처음 만나던 날, 그는 활짝 웃으면서 나에게로 다가왔다. 첫 인상이 너무 좋았다. 아버지가 자주 분노하던 모습이 너무 싫었기에, 인자한 웃음은 내게 편안함으로 다가왔다. 그는 따뜻하고 친절하고 모범적인 청년이었다. 실연의 상처를 고백하면서 힘들어 하는 내게 위로의 말을 해 주었다. 온화하고 친절한 매너로 내 마음을 사로잡았다. 생전 화를 내지 않을 것만 같은 순수한 웃음에 실연의 아픔을 잊고 그에게 빠져 들었다. 다시 사랑에 빠진 나는 사랑하는 사람과 친밀감(Intimacy)을 형성해가면서 대학 생활을 활기차게 꾸며 갔다. 〈사관과 신사〉 주인공처럼 육군사관 생도와 멋진 연애를 하게 되었다.

대학 합창단, C.C.C 종교 생활, 대학 연극부 등 나는 활발하게 동아리 활동을 하면서 '오정골 스타(star)'로 소문이 났다. 사랑을 하는 동안 느낀 행복감은 나를 자신감 있고 당당한 콧대 높은 아가씨로 만들었다. 우등생으로 대학을 졸업했고, 곧 바로 대전 시내 중학교 영어 교사로 발령을 받아 부임하게 되었다.

중학교 영어 선생님! 1년여 간의 짧은 재임 기간이었지만 아주 많이 행복했다. '실력 있고 잘 가르치는 예쁜 선생님'이라며 사춘기 남학생 아이들은 나를 존경하고 잘 따라주었다. 내가 담임한 반은 매번 우수반으로 뽑히곤 했다. 보람된 교직 생활이었다. 하지만 전방에 근무하는 애인을 보러 주말에는 면회를 다녀야 했고, 체력적으로 점점 지쳐 갔다. 그러다 보니 어서 빨리 결혼을 해서 쉬고 싶다는 바람이 생겼다. 또한 부모님 불화 속에 힘들었기에 빨리 결혼을 해서 집을 떠나고 싶었던 마음도 있었다. 결혼을 추진해 갈 때 친정 아버지의 심한 반대에 부딪혔으나 오히려 사랑에 불을 지른 격이었다. 우리가 만난 지 3년째 되는 기념일인 1980년 12월 27일, 대전 제일 감리교회에서 김규태 목사님 주례로 결혼 예식을 올리게 되었다.

24살 겨울, 나는 인생 동반자를 만나게 된 것이다. 이 시기에 내게 영향을 준 남편은 친밀감 형성의 좋은 대상이 되어 주었다. 지금도 나는 타인과의 교제에서 쉽게 친밀감을 느끼곤 한다.

친밀감은 원활한 사회생활을 도와주는 아주 귀한 자산이다. 특히 아버지의 사랑 부족으로 사랑을 늘 갈망하던 내게 남편과 나눈 따뜻한 애정은 친밀감 형성에 많은 도움을 주었다. 스킨십을 매우 좋아하는데 이 시기 연애 경험으로 애정을 몸으로 표현하는 데 자연스러워졌다.

〈1980년 12월 27일 대전 제일감리교회 결혼식〉

***

쉬어가는 이야기

당신 삶의 목표와 목적은?

여러분, 삶의 목적은 무엇인가요? 사람마다 살아가는 삶의 목적은 다양하지요. 목적을 추구하면서 인생 시기별로 이루고자 하는 목표는 때에 따라 달라집니다. 학생들을 예로 들어볼까요? 공부 잘하는 것이 학업 목적이라면, 목표는 '봄 학기에는 전교 20등 안에 들기, 가을 학기에는 10등 안에 들기'가 될 것입니다.

목표 이야기(Goal)를 먼저 해 볼게요. 자신이 추구하는 목적을 이루기 위해서는 '언제까지, 어느 수준까지'를 구체화하고 세분화시키는 것이 필요합니다. 하나의 목적을 정해놓고 그 목적을 이루어 나가기 위해 존재하는 것이 목표이기 때문이지요. 예를 들어 제가 하는 가족 세우기 프로그램의 목적이 자신의 변화와 영적 성장, 화목한 관계 만들기라면 목표는 '1년에 10번 이상 꾸준히 참석하기'가 됩니다.

상담 현장에서 상담 종결을 앞두게 되면 희망 상담으로 장래 꿈을 이야기 해 보도록 합니다. "3년 후 당신이 이루고자 하는 목표는 무엇인가요?" 이런 질문을 통해 목표를 실현해 나가도록 합니다.

3년 후의 목표는 유튜버 되기, 칠순 때 자서전 책 출판하기 등이 될 수 있습니다. 먼저 삶의 지표를 정해야 합니다. 이때 도움이 되는 질문은 목적에 관한 질문입니다.

Why(purpose, 이유),
즉 "왜 그것을 삶의 목적으로 정하려 하는가?"
How(process, 방법, 과정),
즉 "그것을 이루기 위해 무엇을 어떻게 할 것인가?"
What(result, 결과),
즉 "지금 현재 그 목표를 이루기 위해서 무엇을 하는가?"

이제 제 삶의 목적(Objective) 이야기를 해 볼게요.
삶의 목적은 JOY, 항상 기쁨이에요.

> 기 : 기(energy)를
> 뽐 : 뽐어 내는 기쁨의 사람
>
> J : Jesus 예수님의 기쁨
> O : Others 이웃의 기쁨
> Y : Yours 너 자신의 기쁨

물론 때론 우울하고 슬픈 일도 일어나지만 가능하면 삶의 목적인 기쁨 상태를 유지하고 살아가려 노력해요. 삶의 목적인 기쁨이 궁극적으로는 사후에 후손들에게 전하고 싶은 유언이라 생각해서 묘비명도 정했습니다.

기쁨(Joy)의 사람, 천국으로 여행가다

영국의 극작가 버나드 쇼의 묘비명은

"우물쭈물하다가 내 이럴 줄 알았다."

"I knew if I stayed around long enough something like this would happen."

이라고 합니다. 삶의 목적을 잘 정하고 살아야 한다는 교훈을 주고 있습니다.

최근에 가족 세우기 목적을 표어로 정했습니다. 가족 세우기 장을 통해 질병의 근원을 발견하고 관계 얽힘을 풀림으로 하기 위한 것입니다.

치유 받아 자유롭게!

변화되어 조화롭게!

평강함으로 건강한 삶

자유롭고 조화롭게

건강하고 행복하고 성공적인 삶을 살자!

아자 아자 아자!

사랑하는 독자님들
당신의 삶의 목적은 무엇인가요?
여러분 삶의 목적과 목표를 정해 보세요.
목적이 이끄는 삶은 보람됩니다.

당신의 삶에
목표와 목적은?

_____

_____

_____

3년 후의 당신은?

_____

_____

_____

_____

_____

_____

3장

중년기(35–65세) :

생산성 있는
인간이란 무엇인가?

1.

나는 나를 창조한다

중년기는 언제부터 시작될까? 대략 40세부터 65세까지로 본다. 신체적으로 여성은 폐경기, 남성은 갱년기로부터 시작된다고 볼 수 있다. 중년기는 자신이 노화된다는 사실을 신체 변화로부터 절감하게 된다. 대부분 사람들이 신체적, 경제적, 심리적으로 안정될 경우에 중년기를 자신 인생 황금기로 여긴다.

생물학적 노화는 유전적 요인과 환경의 영향을 받아 개인차가 있지만, 아무튼 모든 사람들에게 신체적 변화가 오기 시작한다. 신체적인 노화에 신경을 쓰는 여성들에게는 중년기가 특히 어려운 시기다. 피부 탄력은 떨어지고 얼굴에는 주름이 생기기 시작한다. 남성들은 성기능이 저하되고 탈모 증상에 시달리게 된다. 눈에 보이는 외적 변화뿐만 아니라 신체 내적 변화도 일어난다. 눈으로 볼 수 없지만 급격히 기능이 저하된다. 심장 혈관 계통, 신경계, 호흡기, 소화기 등의 능력 저하를 스스로 감지하기도 하고 건강 검진을 통해 인지한다.

지적 능력은 크게 변화하지 않지만 건강 습관, 식습관에 따라서 개인차가 생긴다. 특히 감각 기능 저하로 인해 문제 해결 능력이 감소되기도 한다. 이 시기에는 건강 상태가 중요한 관심사가 된다.

중년기의 성격 안정성과 변화성은 오랫동안 연구 과제로 대두되고 있다. 중년기 성격 특징과 생활 양식의 차이점으로 인해 중년 시기를 황금기로 보내기도 하고 심각한 위기를 겪기도 한다. 중년 시기는 밖으로 쏟던 에너지를 자기 자신 내면으로 돌리는 시기이다. 중년기를 생산성 있게 보내는가, 그렇지 않은가에 따라 노후에 삶의 질이 차이난다.

중년기 변화를 잘 극복할 경우 오히려 인생에 가장 행복한 시기를 보낼 수 있다. 경제적 안정, 직업에 대한 열정

등 긍정적으로 중년기를 만끽하면서 즐길 수 있다. 중년기는 어찌 보면 위기다. 하지만 위기로 2행시를 만들어 보면 다음과 같다. 삶의 터닝포인트로 만들 수 있을 것이다.

위 : 위험해!

기 : 기회야! 도전해!

2.

생산성에 집중하라 :

도움이 되는 삶을 살 거야 _ 생산성 : 침체

성인 초기 남녀 두 사람의 친밀성이 확립되고 나면, 그들 관심은 두 사람 관계를 넘어서 다른 사람으로 확장하기 시작한다. 가정적으로는 자녀를 낳아 키우고 교육하게 되며, 사회적으로는 다음 세대를 양성하는 데에 관심과 노력을 기울이게 된다.

직업적인 성취나 학문적, 예술적 업적을 통해서도 생산성이 발휘된다. 생산성이란 단어는 자녀 출산 양육뿐만 아니라 직업을 통해 사회에 기여를 하는 폭넓은 의미로 사용될 수 있다. 후배들에게 모범적 모습을 보이고 후배들을 양성하는 일, 왕성한 사회 활동을 통해 기여하는 일, 미래 세대의 복지를 위해 공헌하는 일 등 각자가 맡은 분아에서 생산성 있는 삶을 살아갈 수 있다.

　만일 어떠한 이유로 생산성을 제대로 발휘하지 못하거나 안 하게 되면 침체감이 형성된다. 이 경우에 타인들에 대한 관심보다는 자신의 욕구에 더 집중하는 경향을 보이며, 남에 대한 관대함이 결여된다. 생산성이 침체되면 인생을 부정적 시각으로 해석하게 되어 매사에 비판적인 사람이 된다. 생산성을 돋우고, 침체를 없애는 일은 각자 노력으로 만들어가야 할 과제이다.

중년기

가정적으로 자녀를 키우고 교육하게 되며, 사회적으로는 다음 세대 양성, 직업적인 성취나 학문적, 예술적 업적을 통해서도 생산성이 발휘된다. 생산성이 제대로 발휘되지 못하면 침체감이 형성된다.

중년기

자아실현 문장

"나는 생산적인 사람이 되고 싶어요.
나 자신과 가족을 위해서
또 사회에도 공헌하는 삶을 살기 원합니다."

생산성(Generativity)

:

침체(Stagnation)

3.　　　　　　　　　　　　　　　　

스스로 생산성 있는
사람이 되었습니다

　인생에서 중년기는 열매를 맺는 결실의 시기이다. 그동안 살면서 열심히 뿌린 씨앗의 결실을 거둘 수 있는 때인 것이다. 군인 가족으로 전후방을 떠돌면서 결혼 생활 40년간 27번 이사를 하며 생활했다. 희노애락! 참으로 수많은 사건들이 있었다. 삶의 기쁨, 슬픔, 아픔, 즐거움이 주마등처럼 스쳐 지나간다. 고생한 보람이 있어서 남편이 장군으로 승진하는 큰 기쁨을 맛볼 수 있었다. 고진감래라 하지 않았던가! 감사할 뿐이다.

　초등학교를 네 번이나 전학을 다녔던 큰아들이 6학년 때 공부를 하고 싶으니 대전으로 전학시켜 달라고 했다.

군인 가족들은 자녀 교육 때문에 남편과 떨어져서 사는 경우가 종종 있다. 나는 대전에 살던 어머니에게 아들들을 맡기고 전방(철원)에서 대전을 왔다 갔다 하며 생활을 했다. 대전으로 온 큰아들이 중학교를 차석으로 입학했다.

"엄마 저 과외 좀 시켜 주세요. 도시 학생들은 다 과외를 받아요!"

공부에 흥미는 느낀 아들이 과외지도를 받고 싶다고 요청했다. 군인 봉급은 박봉이었다.

"과외비를 충당을 해야 하는데… 어떻게 해야 하나?"

당시 나는 결혼 이후 전업주부가 된 경단녀였다. 딱히 돈을 벌 수 있는 일이 없어서 고민을 하던 중 교차로 신문에서 〈영어 교사 모집〉을 한다는 광고를 보았다. 전직 영어 교사인 경험을 바탕으로 윤선생 영어 교실 학습지 교사가 되었다. 오직 아들 과외비를 벌기 위한 직업이었고 자아실현과는 거리가 멀었다. 그래도 직장에서 인정을 받아 봉급도 올랐고 뒷바라지한 보람으로 아들은 중학교를 우수한 성적으로 졸업해 고등학교에 진학했다. 이대로 유지되면 아들이 원하는 서울에 있는 의과대학교에 진학할 수 있다는 확신이 들어서 엄마로서 뿌듯한 나날을 보내고 있었다.

그러던 어느 날, 끔찍한 사고가 일어났다. 학교 담임선생님으로부터 전화가 왔다.

"○○이가 다쳐서 병원에 있으니 바로 오세요!"

　혼비백산해서 병원으로 달려갔다. 아들은 학급 반장을 맡고 있었는데, 학급비를 걷던 중 급우와 말다툼이 벌어졌다고 한다. 상대방 학생은 쉬는 시간에 아들을 복도로 불러내서 칼로 아들을 찔렀다.

　불특정 다수에 분노를 품고 다니던 아이가 가지고 다녔던 칼을 휘둘렀다고 한다. 나는 4대째 기독교 가정, 전도사의 딸로 자라나서 항상 사랑, 용서, 화해의 메시지를 듣고 자랐다. 먼저 피해자 엄마로서 가해자를 처벌하지 않겠다고 상대방에게 합의서를 써 주었다.

　그러나 학교에서 사건에 대해 조사하는 과정에서 피해자인 아들이 부당하게 교내 봉사 처분을 받게 되었다. 억울했지만 자식을 학교에 맡긴 학부모로서, 더군다나 나도 교사 출신이었기에 학교 측에 강력하게 항의도 제대로 하지 못했다. 너무나 분한 마음에 밤에 잠도 못 자고 자다 깨서 방바닥을 기어 다니면서 대성통곡을 했다. 진단을 받아보니 우울증이었고, 스스로 알아차린 상태는 다음과 같았다.

"내 안에 분노가 있구나! 분노 표출을 제대로 못 하니 슬픔이 오네!"

분노, 슬픔은 동전의 양면이다.

에릭슨은 중년기 최대의 과업은 생산성(Generativity)으로, 생산성 있는 삶을 살지 못하면 침체되어 우울감이 찾아온다고 했다. 나는 아들의 학교 폭력 사건으로 인해 다니던 직장을 그만두고 상담해 주시는 목사님 그룹에서 공부를 하게 되었다. 1998년부터 상담 공부를 하게 된 것은 그저 나 자신의 치유를 위해서였다. 공부하다 보니 너무 재미있어서 2000년에는 정태기 교수님이 운영하시는 서울 크리스천 치유상담 연구원에 정식으로 입학했다.

평범했던 주부가 전문상담사 길로 가게 된 것이 아들 사고로 시작되었으니 인생은 전화위복이요 새옹지마이다. 상담을 배우다 보니 적성에 맞아서 정식으로 대학원에 진학했다. 그 당시 서대문 성결교회에 출석하고 있었는데 담임목사님께서 성결교단 서울신학대학교에 추천해 주셨다. 서울 신대에서 MA. TH M. Th. D까지 8년 동안 대전과 서울을 오가면서 공부했다. 42살에 공부를 시작하여 50살에 박사 학위를 받게 되었다.

내 중년기는 다양한 역할로 진행되었다. 가정에서는 군인 아내, 두 아들의 엄마, 교회에서는 교육상담 전도사, 밖에서는 목회 상담사로, 강의를 하는 교수로, 가슴 아픈 영혼들 상처를 싸매고 치유해 주는 전문 카운슬러로서 사역을 감당했다. 중년기 과업은 생산성(Generativity)인데 생산성 있는 삶을 잘 살아 왔다는 자부심이 올라온다.

<당시 썼던 중년기 일기>

졸업 후 조금만 더 공부해서 박사 학위도 받고 평생 꿈인 강단에서 후학들을 양육하는 교수가 되고 싶다. 어머니처럼 전도사도 되고 아버지처럼 대학 교수가 되고 싶다는 소망을 가져 본다. 부모님들께서 내게 얼마나 높고 큰 산 같은 분들이신지 절감이 된다. 아버지 끊임없이 공부하시는 지성! 어머니 기도의 영성! 도저히 두 분 모습을 따

라 갈 수 없다고 생각된다. 하지만 두 분에게는 부족한 한 가지가 내게 있으니 그것은 따스한 가슴이다. 어느 누구보다도 내게 풍성한 감성! 앞으로 10년간은 지성, 영성, 감성을 채우는 일에 열심히 매진하면서 내게 맡겨 주신 상담사로서의 사명을 잘 감당하고 싶다는 소망을 가져 본다.

이 일기대로 박사 학위도 따기 전에 상담 봉사 이력(대전에서 대한가정법률복지상담원 원장으로 봉사했다)이 인정이 되서 전주 기전대학교 상담학 교수로 발령을 받았다. 기전대에서 3년 재직하다가 대전 건양대 치유선교학과 대우 교수가 되었다. 평범했던 전업주부가 늦깎이로 공부해서 박사 학위 따고 제자를 양육하는 대학 교수가 되었다. 상담 사역자인 JOY 행복상담원 원장이 되었으니 이만하면 성공한 인생이다. 참으로 생산성 있는 보람된 중년기를 살아왔다.

* * *

쉬어가는 이야기

빈둥지 증후군 이야기

얼마 전 오랜만에 만난 지인과 커피를 마시면서 대화를 나누었어요. 결혼 후까지 곁에서 살며 많은 시간을 같이 보내던 딸내미가 손녀 교육 때문에 멀리 제주에 내려가면서 맘이 힘들었다 하면서 스스로 '빈둥지 증후군'이라 생각한다고 했습니다. 빈둥지 증후군(Empty nest syndrome)의 대상이 보통 중년기의 주부들입니다. 중년기에 오는 신체적, 심리적 증상이 바로 '갱년기 현상'이기 때문에 빈둥지 증후군은 갱년기 증상이기도 해요. 때론 남성들이 퇴직을 한 직후 느끼게 되는 심리적 상실감(퇴직증후군)도 증상은 비슷합니다

꽃 같은 소녀 시절, 화사한 아가씨 시절을 거쳐 한 남자의 아내가 되고 자식을 낳아 엄마가 됩니다. 한 가정주부 역할을 감당하면서 오직 남편을 출세시키고 자식들을 잘 키우기 위해 헌신하면서 살아온 여자의 일생, 이런 삶은 이미자 선생님의 〈여자의 일생〉이라는 노래에 잘 나타납니다.

견딜 수가 없도록 외로워도 슬퍼도
…
비탈진 인생길을 허덕이면서 아 참아야 한다기에
눈물로 보냅니다 여자의 일생
　　　　　　　　　　　　　– 이미자, 〈여자의 일생〉 가사 중

"내 이름 석 자는 사라지고 아이들 엄마로 불리며 열심히 살아온 인생, 자녀 양육에 온몸과 마음을 다 바쳐 살아온 열혈 엄마! 훌쩍 장성한 자식들은 각자 생활하느라 다른 곳으로 이사 갑니다. 아들 딸들이 내 품을 떠나가고, 사라진 텅 빈 공간을 바라보면서 밀려드는 상실감, 공허감! 아 외롭다! 누가 내 외로움을 알아줄까?"

외로움은 우울감이 되어 마음에서 비가 내리고, 급기야 우울증으로까지 변해 버립니다. 서글픈 마음이지요. 아들을 군대로 떠나보낸 엄마를 상담해 주면서 사랑하는 아들이 떠난, 텅빈 방에 들어가서 아들 쓰던 물건을 보고 하염없이 눈물 흘리는 엄마 심경에 절감, 통감, 동감합니다. 증상에 따라 상실감으로 그치기도 하지만 우울증 1개월 진단을 받기도 합니다. 심한 경우에는 부대 앞에다 방을 얻고 살고 싶다는 분들도 있지요. 안타깝고 안쓰러운 엄마의 모습입니다.

〈빈둥지 증후군 자가 진단 테스트〉

우울감, 무력감, 상실감, 절망감,

대인기피증, 식욕저하, 체중 감소 등

〈빈둥지 증후군 극복 방법〉

1) 둥지를 함께 채울 동지(배우자, 친구) 만들기

2) 운동(산책)하기

3) 자기계발하기

4) 여행 떠나기

5) 취미 활동에 집중하기

6) 전문 상담 지원 받기

7) 종교 생활하기

〈힐링 포인트〉

자식 떠난 텅 빈 둥지에 자기계발, 친구, 취미 활동, 운동,

여행 등 나만의 행복을 채워 행복한 둥지를 만들자!

4장

노년기(65세-) :

자아실현의 끝,
통합하라!

1.

나는 행복하다,
이만하면 인생 성공이다

　노년기의 화두는 건강이다. 주위에 안타깝게 창창한 나이에 돌아가신 분들이나 각종 질병에 시달리며 사시는 분들을 보면서 결국 자아실현 최종 목적은 '전인적으로 건강한 삶'이라 정의하게 된다. 성장하는 삶을 살기 위해서는 무엇보다도 건강이 최고 가치일 것이다. 건강은 신체적 건강뿐만 아니라 정신적, 경제적, 관계적 등 모든 범위를 포함한다. 누구나 건강하고 행복하고 성공적인 삶을 살아가기를 원한다.

　노년기 신체적 변화는 노화와 깊은 연관이 있다. 피부도 탄력성이 현저히 줄어들고 머리카락은 빠지거나 백발

이 된다. 키도 줄고 허리는 구부러지고 체격이 왜소해진다. 노화 이론에 따르면 모든 유기체는 정상적 발달 유형에 따라서 신체가 노화된다고 한다. 노화는 신체적인 외적 변화뿐만 아니라 눈에 보이지 않지만 내적 변화, 즉 신경계, 호흡기. 각종 장기 등이 쇠퇴하는 퇴행성 변화도 포함된다. 그래서 이 시기는 무엇보다도 건강 관리가 중요한 과제인 것이다.

노년기 건강 중 신체적인 부분 외에 두드러지는 부분이 있다. 바로 인지적 변화다. 일반 지능 저하와 기억력 감퇴 등 두뇌 기능이 현저하게 저하되어 간다. 물론 건강 상태, 교육 수준과 직업의 수준에 따라 차이는 있지만 대부분의 노인들이 뇌기능이 쇠약해지면서 인지 능력이 급강하한다.

2024년 2월 29일, 17년간 근무하던 대학에서 정년퇴직했다. 직업에서 은퇴는 노년기에 대처해야 할 중요한 과제이다. 오늘날과 같은 노동 지향적 사회에서 은퇴는 개인에게뿐만 아니라 사회적으로도 잘 적응하도록 돌봄이 필요한 시기이다. 심리적 적응, 경제적 적응과 관계적 적응을 잘 할 수 있도록 관심을 가져 주어야 한다. 직업은 자신의 가치와 자아존중감을 갖게 해 주는 도구로 자아실현에 중요한 덕목이라 생각한다. 따라서 은퇴는 직업 상실이란 의미에 덧붙여서 심리적 환경적 적응이 훈련이 절실하다고 생각된다. 고령화 시대로 노년기가 길어졌기 때문에 중요한 발달 과정으로 인식되어야 한다고 생각한다.

심리적 적응. 경제적 적응과 관계적 적응이 절실한 시기이다. 노인을 연구하는 학자들은 요즘 70대 노인들은 이전 50-60세 중년기 시절과 같다고 한다. 노인 세대가 젊어졌을 뿐만 아니라 숫자도 급격히 늘고 있다. 노년이란 말 대신 신중년이란 신조어가 생겼다. 이젠 노인들 전성시대가 왔다고 생각한다

은퇴를 금퇴로 만들자!
나는 다이아몬드가 되었다!

2.

자아통합하라 :

살아온 삶을 하나로 _ 자아통합 : 절망감

인생 마지막 단계인 노년기는 신체적인 노쇠와 직임으로부터의 은퇴, 친한 친구나 배우자의 죽음 등으로 인하여 무력감을 느끼는 일이 많다. 이 시기 성패는 신체적, 사회적 퇴보를 어떻게 받아들이는가에 달려 있다고 에릭슨은 주장한다. 대부분 노년기에 들어서면 자신이 지금까지 살아온 생을 돌아보면서 자신의 생애가 가치 있는 삶이었는지 음미해 보게 된다. 이러한 과정에서 삶이 무의미한 것이었다고 생각되면 절망에 빠진다. 그러나 이러한 절망 속에서도 자기 나름대로 인생 의미를 찾고 보람을 찾으면 인생의 참다운 지혜를 획득할 수 있다. 이러한 지혜를 통하여 살아온 생애 7단계 동안 이룬 소망을 통합하여 거두어들일 수 있다.

노인들은 자신의 죽음을 앞두고 무기력한 좌절감. 절망감에 빠질 수 있는 위험이 있다. 그러하기에 지나온 삶을 되돌아보면서 의미 있고 만족스러운 삶이라고 느끼면 자아 통합을 이루는 것이 바람직하다. 이 시기에 최고 미덕인 지혜로움으로 지나간 삶을 잘 승화시키면 보다 더 차원이 높은 인생철학으로 통합을 이루어 나가리라 확신한다.

노년기

지나온 삶을 돌아보면서 보람을 느끼며 인생에 대한 참다운 지혜를 통합한다. 자신의 생이 무의미하다고 생각되면 깊은 절망감에 빠지게 된다.

노년기

자아실현 문장

"나는 나의 삶을 통합합니다.
나 자신과 가족을 위해서
또 사회에도 공헌하는 삶을 살다가
아름답게 생을 마무리 합니다."

통합(Integration)

:

절망(Hopelessness)

3.

삶을 통합해서
아름다운 생을 살아간다

"야야야! 내 나이가 어때서! 자아실현하기 딱 좋은 나인데!" 나의 생활 연령(달력 나이)은 67세, 신체 연령은 건강 검진 상 57세 정도 수준이다. 심리적 나이인 정신 연령은 47세라고 생각하며 살고 있다. 생활 연령, 달력 나이가 아닌 마음 나이가 이끄는 삶을 살고자 한다. 마음 나이가 이끄는 삶! 마음은 청년이다. 멋지다. 100세 시대를 바라보면서 건강한 노년을 보냈으면 좋겠다는 소망을 마음에 품어 본다.

마음의 나이가 이끄는 삶!

건강하시던 94세 친정 아버지께서 요추 골절로, 87세 어머니는 갈비뼈 골절로 자리에 누워 있게 되었다. 노인들은 밤새 안녕이란 말이 정말 실감된다. 두 분 다 대소변을 받아야 해서 집에서 모시기 힘들어 잠시 요양 시설로 모셨다. 본인들 의사가 아닌 자식들 결정에 의해 요양원에 들어가신 부모님들은 심리적으로 무척 힘들어 하셨다. 코로나 시절이라 면회도 안 돼서, 부모님 건강 상태를 유리창 밖에서 지켜 볼 수밖에 없었다.

어느 날, 아버지께서 위독하시다는 연락을 받았다. 중환자실에 입원하게 되어, 앰블런스로 병원에 이동하는데 보호자로 탑승을 하게 되었다. 그렇게 아버지를 병원으로 모시고 오는 동안 후회의 눈물을 많이 흘렸다. "그냥 집에서 모실걸, 잘못했구나!" 그때는 돌아가시는 줄 알았는데, 다행히 중환자실에서 잘 견디신 아버지는 일반 병실로 옮겨갔고 회복되셨다. 요양 시설에 혼자 있던 어머니를 모시러 갔더니 그 사이 다리가 기억자로 굳어 버리고 엉덩이에는 욕창이 생겼다고 했다. 기가 막혔지만 보호자가 볼 수 없는 환경 속에서 일어났던 일이라 제대로 항의도 못 했다. 결국 두 분을 다시 친정 집으로 모시기로 결정했다.

그렇게 부모님을 집으로 모신 지 3년여 시간이 흘러갔다. 국가 지원을 통해 요양 보호사님 도움도 받고 있고, 다행히 아버지가 모아 놓은 재산이 있어 자가 요양을 하고 계신다. 자식으로서 경험을 해 보니 가장 바람직한 요양 방법이 자가 요양임을 깨달았다. 비록 대소변을 남의 손에 맡겨야 하는 상태이지만, 부모님이 오늘 살아 계신 것만으로도 감사하는 나날이다. 친정집에 부모님 뵈러 갈 때마다 살아 계셔서 뵐 수 있음에 감사드린다. 또한 본인 의지와는 상관없이 누워 계셔야 하는 부모님 말년을 지켜보면서 더욱 노년의 육체적 건강이 중요하다는 사실을 절감한다.

성공적인 노화란?

성공적 노화(Aging well)란? 자신과 타인이 인정하는 수준의 신체적, 경제적, 심리적, 사회적으로 안녕한 상태를 의미한다고 한다. 카롤 리프(Riff)는 자율성, 환경 통제, 개인적 성장 배경, 자기 수용, 뚜렷한 목표 의식, 타인과의 상호 작용을 성공적 노화(Sucessful Aging)의 구성 요소라고 했다.

노년기 표어를 '누림과 나눔'으로 정했다. 젊은 청춘 시기에 열심히 살아오면서 이룬 것들을 맘껏 누리고 살려한다. 신체적 건강을 잘 챙기고 사회적으로 내가 가진 상담 달란트로 자원 봉사도 하고 있다. 10년 전부터는 취미로 골프에 입문해서 일주일에 한두 번 라운딩을 즐기고 있다. 일주일에 한 번씩 스트레칭 위주 개인 PT도 받고 있다. 은퇴하기 전부터 '미라클 가족 세우기' 인도자로 한 달에 한 번씩 치유 프로그램도 꾸준히 운영하고 있다. 퍼스널 브랜딩 홍보를 위해 밴드와 블로그 등 SNS 활동도 활발하게 하고 있는 중이다.

밴드 1주년을 맞이했을 때는 회원분들에게 카페에서 식사 대접하고 선물도 드렸다. 블로그 1주년을 맞이하여서는 블로그 이웃들을 초대하여 식사와 다과를 나누고 '기쁨 찾기 프로그램'을 함께하며 즐거운 시간을 보냈다. 은퇴 직후 가족 세우기를 하는 동료들과 종이책 『가장 먼저 가족입니다』를 공저로 출판했다. 생전 처음으로 전자책 쓰기에 도전하여 『블로그 나라 만세 만만세』라는 제목으로 출간했다. 이제 67세 여름을 보내면서 자아실현에 관한 책을 쓰고 있으니 이만하면 바람직한 노년을 보내는 모델이라고 생각한다.

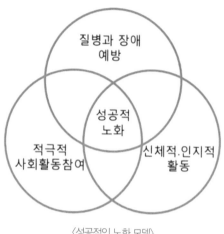

〈성공적인 노화 모델〉

정년퇴직 후 만든 자아실현 단어,
'3미'를 소개한다.

〈취미, 재미, 흥미로운 삶!〉

취미 생활하기
흥미 있는 분야로 봉사하기
재미 발견해서 잘 놀기

전 생애를 자아실현 문장으로
통합해서 만들어 보면 다음과 같다.

〈통합 자아실현 문장〉

세상을 신뢰하고 스스로 혼자서도 잘 하고
솔선성 있는 용기를 가지면
부지런하고 성실한 사람이 될 수 있다.
내가 누구인지 뚜렷한 자아정체성을 만들고
사람들과 친밀감을 잘 형성하면
생산성 있는 삶을 살게 된다.
내게 주어진 인생을 자아통합하여
아름다운 삶으로 살아가는 자아실현의 삶!

에필로그

유언과 묘비명

  지구별에서 사는 삶의 여행 마치는 날, 나는 무어라 마지막 말을 남기면서 내가 왔던 본향으로 떠날 것인가? 장례 절차는 어떻게 행해질 것인가? 친정 어머니께서 돌아가신 외할머니를 생각하시면서 「유언」이란 시를 지으셨다. 그 시를 읽으면서 지금은 내 곁에 살아 계시지만 언젠가 떠나실 사랑하는 어머니와의 이별, 그리고 내가 세상을 떠날 그 순간을 미리 생각해 보았다.

  호스피스 선구자요 20세기를 대표하는 정신의학자, 세계적인 죽음 상담가인 엘리자베스 퀴블러 로스는 2004년 8월 78세의 나이로 세상을 떠나면서 그녀의 유언대로 특별한 장례식을 치렀다. 장례 절차는 '고별식'이라 이름 붙여졌고, 지인들이 마지막 여행을 축복하기 위해 모였고, 성가대가 부르는 성가곡으로 분위기가 고조되었다. 장례 의식의 절정은 그녀의 두 자녀가 관 앞에서 작은 상자를 열었을 때 상자 안에서 한 마리 호랑나비가 날아오르고, 동시에 참석한 사람들이 미리 준비한 종이봉투에서 수많은 나비들이 일제히 날개를 펼치면서 하늘로 날아올랐던 순간이었다.

그녀 사상의 상징이었던 나비가 날아가는 장면을 지켜본 모든 사람들에게 그녀는 영원히 잊히지 않을 것이다. 육체는 사라졌을지라도 그녀는 그 장례식에서 나비가 되어 새롭게 태어난 듯하다. 그야말로 '영혼의 영생'으로 만들어 준, 당사자의 유언을 실천한 아주 멋진 장례식이었다고 한다.

이전에는 '99. 88. 2. 3. 4'라고 했다. "구십구 세까지 건강하게 팔팔하게 잘 살다가 이틀만 아프고 삼 일째 되는 날 사망하자!" 라는 의미다. 지금은 '99. 88. 1004'라고 한다. "구십구 세까지도 팔팔하게 살다가 100세 넘어서 사망하자!" 요즘 건강 백 세를 추구하면서 성공하는 노년을 위해 외치는 구호이다.

물론 나도 백 세까지 건강하고 행복하게 팔팔하게 살고 싶다. 그리고 이틀 동안 자리에 누워 지나온 삶을 정리하련다. 죽어도 눈을 못 감을 정도로 가슴에 남은 일들을 회상하며 한을 풀 수 있는 시간을 가지리라. 육체가 떠나고 남은 영혼이 가볍게 천국에 올라 갈 수 있겠지. 눈을 못 감을 정도로 보고 싶은 사람이 있다면 남은 이틀 동안 보고 떠나겠노라! 미리 알리고 모두 불러서 하고 싶은 말들을 전하고 가슴에 남은 그리움과 한도 풀고 가고 싶다. 사는 동안 못다 푼 일들 때문에 이 땅에 더 이상 미련을 남기지 않도록 남은 48시간 동안 모두 차근차근 정리하면서 맹렬히 살아온 삶을 아름답게 마무리 하고 싶다. 이틀 동안 그렇게 삶을 정리하고 삼일 째 되는 날, 사랑하는 자녀들에게 마지막 인사를 남길 것이다. 만약 내가 죽으면 화장을 해서 남편과 나란히 함께 대전국립현충원에 묻어주고 기쁨으로 살다간 Joy1004 생의 발자취를 기억해 달라고……

자신의 기쁨이 되고,
이웃의 기쁨이었으며,
예수님의 기쁨이 된 조남희 잠들다

고요히 눈을 감고 천국에서 다시 만날 것을 약속하고 웃으면서 생을 끝맺으리라. 마지막 바람이 있다면 외할머니께서 주무시다 곱게 돌아가신 것처럼 편안히 눈을 감게 되기를 간절히 소망한다. 다만 외할머니께서는 유언 한 마디 못 남기고 너무 갑자기 소천하셨기에, 남은 후손들에게 아쉬움과 안타까움과 미련을 남기셨다. 나는 꼭 마지막 남기고 싶은 이야기를 유언으로 남긴 후 이 지구별을 떠나고 싶다.

"덕분에 행복했노라. 잘 살길 바라노라!
천국에서 기다리겠노라. 꼭 다시 만나자!"

이렇게 마지막 하고 싶은 이야기를 다 쏟아 놓고 나비처럼 가벼운 맘으로 천국 여행을 떠나고 싶다. 묘비명에는 이렇게 남길 것이다.

지구별 여행 마치고 Joy1004
천국으로 여행 떠나다.

오늘 여기 아직 이곳에 머무를 시간이 남아있음에 감사하며 좌우명을 소개한다.

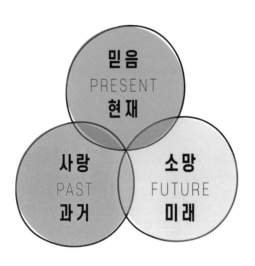

과거를 사랑하고
미래를 소망하며
현재를 믿음으로 살자!

부록

자아실현을 꽃피운 아이콘들

여러 가지 역경과 고난을 극복하고 자아실현의 모범을 보이신 세 분의 아름다운 삶을 소개합니다. 세 분의 자아실현 이야기를 쓰면서 도전, 봉사, 열정의 모습들이 종합선물 세트처럼 제 안에도 있다는 것을 느꼈고, 저 또한 그 덕분에 자아실현을 잘 할 수 있다는 사실에 감개 무량합니다.

1) 도전의 아이콘 :
금성백조주택 정성욱 회장 이야기

가난으로 인한 어려움을 극복하시고 '금성백조 예미지 아파트' 브랜드를 창조하신 정성욱 회장님은 도전의 아이콘입니다. 정성욱 회장님의 자아실현을 한 문장으로 만들어봤습니다.

"위기 때마다 오뚝이처럼 일어나는
용기 있는 사람"

정성욱 회장님과의 인연은 제가 대전 KBS 〈아침마당〉 패널로 있을 때 맺어졌습니다. 도전 정신에 대한 이야기를 하다가, 제가 질문을 드렸습니다.

"회장님, 회장님께서는 도전 정신에 대해서 어떻게 생각하세요?"

"지금까지 살아오면서 큰 위기가 있을 때마다 오뚝이 정신을 생각합니다. 오뚝이는 열 번 넘어져도 백 번 넘어져도 계속 일어나지요."

　인생을 살아오면서 크고 작은 시련을 이겨 내는 과정에서 큰 도움이 되었던 것은 **"고통을 인내하고 용기를 내서 극복하자!"**라는 말과, 스스로에게 칭찬을 하는 긍정적 사고였습니다. 이것이 그의 자아실현 모든 것입니다.

　회장님은 5살 때 아버지를 여의어, 어머니 혼자서 4남매를 키우셔야 했다고 합니다. 이러한 어려운 환경 가운데 초등학교를 졸업 후 바로 철공소에서 일을 배우셨지요. 30세에 주위의 권유로 전문 건설 현장에서 건설업계에 발을 디뎠습니다. 의욕을 갖고 창업했으니 자수성가한 것이지요.

그런데 최초 아파트가 미분양되었었다고 합니다. 그때는 자살을 할 생각으로 너무 고통스럽고 힘들어서 주머니에 약을 가지고 다닐 정도였다고 하셨습니다. 하지만 이때도 '고통을 인내하고 용기 내어 극복하자.'라고 되뇌며 어려움을 극복하셨다고 합니다. 발품을 팔아가면서 분양을 위해 노력해, 88년 중천동 분양 때 전국 최초 147:1이라는 분양을 이루며 그동안의 어려움을 보상받을 수 있었습니다.

그 후로도 기업 경영을 하면서 큰 역경을 미리 대비해야 한다는 철학으로, 위기를 준비하며 경영을 하는 습관이 생기셨다고 합니다. IMF와 2008년 금융 위기 사태 등 어려운 파도를 두 번이나 넘기고 승리하신 모범적인 기업인입니다.

초등학교만 졸업하고도 수많은 직원을 브레인으로 활용하며 기업을 일궈 대기업의 수장이 될 수 있었던 것도 긍정적인 사고와 도전 정신 덕분이었습니다. 회장님이 제일 잘하는 것이 스스로에 대한 칭찬이라고 얘기를 하십니다.

"나는 할 수 있다."

"난 정말 잘할 수 있다."

그리고 다른 사람들에게도 긍정적인 사고가 일어나도록 칭찬을 많이 한다고 하십니다. 직원들에게도 칭찬을 해 주며, 함께 나아갈 수 있는 용기를 불어 넣어 준 따듯한 격려의 말이 그들과 같이 성장하는 디딤돌이 되어 주었다고 하십니다.

함께하는 자아실현!
개인적인 성장과 회사의 발전을 함께하자!

어려움 속에서도 희망을 간직하고 도전하여 오늘날의 성공 경영인이 될 수 있었던 기업 경영 철학입니다.

회장님의 큰 그릇은 뜻밖의 곳에서도 알 수 있습니다. '금성백조 예미지'라는 브랜드를 가지고 있으면서도 막상 회장님은 다른 브랜드의 아주 오래된 아파트에 살고 계십니다. 너무 궁금해서 여쭤보았습니다.

"회장님, 왜 좋은 예미지 아파트에 살지 않으시고 다른 아파트에 지금까지 오래 사시는 거예요?"

"내 아내가 정든 곳이라서요. 아내가 정든 이웃 사람들과 이별하는 것을 원치 않아요. 그래서 아내의 의견을 존중했지요."

이 말에서 회장님의 인생 철학, 거대한 회사를 경영하지만 가정에도 충실하며 아내를 사랑하고 존중하는 마음이 느껴져 뭉클했습니다.

저와 회장님은 한 달에 한 번 골프를 칩니다. 골프하면서도 "굿 샷!"이라는 말을 정말 자주 하시며 사기를 북돋아 주십니다. 식당에 가도 음식을 먹으면서 종업원들에게 "음식이 참 맛있어요. 감사합니다." 이런 말을 아끼지 않습니다. 팁을 아끼지 않는 분으로도 유명하시지요.

어려운 가정 환경 속에서도 도전하여 자수성가하고, 개인적인 성장과 기업의 발전을 일구면서 가정적으로도 충실한 회장님의 모습은 용기와 극복, 도전을 통한 자아실현의 아이콘이라고 할 수 있습니다. 모든 면에서 본이 될 수 있는 모범적인 기업인의 삶입니다. 저도 존경스러운 마음에 회장님께 정말 고개를 숙일 수밖에 없습니다.

회장님, 사모님
존경합니다.
건강하시길 기도합니다.

2) 봉사의 아이콘 :
아름다운 여인들의 모임 석은옥 회장 이야기

한국 시각장애인 최초 백악관 정책차관보였던 (故) 강영우 박사의 아내, 아버지의 눈을 고치고 싶어서 안과 의사가 된 장남 강진석 박사와 35세에 백악관 선임법률 고문이 된 크리스토퍼 강을 키운 어머니, 석은옥 회장님은 헌신과 봉사의 사람이십니다.

저와는 강영우 박사님이 살아 계실 때, 부대 특강을 오게 되신 인연으로 교제하게 되었습니다. 아내로 엄마로 그리고 자신의 자아실현을 성공적으로 이루어 내신 석은옥 회장님은 봉사의 아이콘입니다.

강영우 박사님과 석은옥 회장님의 첫 인상은 세계적인 유명 인사이신데도 정말 소탈하고 소박하시다는 느낌이었습니다. 아들이 미국 유학 중이었을 때, 아들을 만나러 미국에 갈 일이 있었는데 그때도 워싱턴에서 두 분을 뵈었지요. 동네를 소개하며 식사도 대접해 주셔서 친절함이 몸에 밴 분들이라는 생각을 했습니다. 음식점에서도 메뉴에 대해서 설명해 주시면서 배려를 해 주셨습니다.

아마 많은 분들이 장애를 가진 배우자를 만나 함께한다
는 것은 고난의 길이라고 생각하실 겁니다. 석은옥 회장
님에게 '강 박사님과의 만남'에 대한 질문을 했습니다.

"인생의 만남에 대해 어떻게 생각하세요?"라고 물었을
때, 회장님은 이렇게 답하셨습니다.

"우리 삶 속에 만남은 우연적인 만남과 의도적 만남이
있습니다. 우연적이고 운명적 만남으로 부모, 자녀간 또는 형제 자매간의 만남이 있습니다. 또한 우연적 만남 속에 의도적 만남으로 큰 인연이 되는 복된 만남이 있습니다.

저에게 의도적 만남이란 적극적 만남을 의미합니다. 1961년 남편 강 박사님을 만나 50여 년의 세월이 흘러갔습니다. 우연한 만남이 의도적 만남으로, 의미 있는 만남이 되었습니다. 이것이 만남의 축복입니다. 하나님의 은총으로 맹인인 한 소년을 만나 사명을 느끼는 만남이 되어 사랑을 주고받고 봉사를 하는 축복의 삶으로 바뀌게 되었습니다."

또한 살면서 생각과 비전이 같은 사람을 만나면 서로 도움을 주고받는 적극적 만남, 복된 만남의 축복을 받게 되었다고 이야기했습니다. 특히 미국 유학 생활 중 두 분의 삶을 인도해 주신 그레그 박사님과의 만남, 세계적인 명사인 펄벅 여사님과의 만남을 복된 만남으로 추억하셨습니다. 펄벅 여사님의 칭찬이 무척 기뻤다고 회상합니다.

"너는 하나의 촛불이다.
사람들의 마음을 비춰 주는 한 쌍의 촛불이다."

무엇보다 기억에 남는 답변은, '남편을 만난 것이 가장 축복된 만남'이라고 답하셨던 것입니다. 두 분은 서울 맹학교 학생과, 봉사 활동 나온 여대생으로서 처음 만났다고 합니다. 강 박사님은 석 회장님을 만나면서 대학 진학의 꿈을 키웠고, 그렇게 두 분은 결혼하셨다고 합니다.

회장님을 직접 뵈면 깜짝 놀랍니다. 키가 150~160 정도 되시고 55kg의 아주 작고 연약한 몸을 가지고 계십니다. 그렇게 여린 몸을 가지고 장애인 남편의 손과 발, 눈이 되어 주는 삶을 기꺼이 함께하며 자녀들도 훌륭하게 키우셨습니다. 강영우 박사님이 사망하신 뒤에도 한국 맹인들을 위하여 장학 재단을 만들고 장학금을 기증하시면서 그렇게 끊임없이 봉사를 하고 계십니다.

회장님은 봉사로 삶을 지탱할 수 있다고, 자신이 제일 좋아하는 게 여성들과의 만남이라고 이야기했습니다. 그래서 미국에서 '아름다운 여인들의 모임'이라는 모임을 만들어서 함께 봉사하며 자아실현하는 모임 회장으로 활동하십니다.

회장님은 '사랑'이라는 단어를 이야기하십니다. 강 박사님을 만난 것은 운명이고 사랑이고, 아들을 잘 키워 낸 비법도 사랑이었습니다. 강 박사님이 회장님께 마지막으로 남긴 편지의 끝은 "사랑합니다. 사랑합니다. 사랑합니다. 그리고 고마웠습니다."로 끝맺어집니다.

세계 시각 장애인들의 자아실현을 위해 희망의 빛이 되어주신 강영우 박사님과 석은옥 회장님은 오늘날까지도 많은 사람들에게 칭찬받는 '행복한 가정'의 모습으로 선한 영향력을 끼치고 있습니다. '해피 라이프(Happy Life)의 삶'이지요. 회장님이 쓰신 책 중에 『해피 라이프』라는 책이 있습니다. 강 박사님의 마지막 편지에는 이런 구절이 있습니다.

"두 눈을 잃고, 나는 한 평생을 살면서 너무나 많은 것을 얻었다. 나는 누구보다 행복하고 축복받은 삶을 살아왔다."

이 편지를 보면서 저도 주위 사람들에게 감사하고, 많은 것들을 누리고 살고 있으니 나누며 살아야 되겠다는 생각을 했습니다. 그것이 저한테는 '누림과 나눔'이라는 단어로 다가왔습니다. 두 분은 제 마음속에 봉사로 자아실현 하시는 아이콘입니다. 어느 누구보다 진정한 자아를 실현하신 두 분의 삶에 존경의 마음으로 고개를 숙입니다.

* 아래에 강영우 박사님 생전 마지막 인터뷰한 내용을 소개합니다.

"살아 오시면서 가장 기억에 남는 사람은 누구이십니까?"

세상에서 가장 중요한 소리는 숨소리입니다. 숨은 생명입니다. 어느 날 갑자기 장애가 된 사람들이 있습니다. 경추나 척추를 다치게 되면 사지가 마비됩니다. 사지가 마비되었으나 장애를 극복하며 살아가는 그분들의 숨소리를 들으면 "육체는 사망한 것이나 마찬가지이지만 저렇게 생명력이 있어서 숨을 쉬는구나!" 생각하면 감동을 받습니다.

영화 〈슈퍼맨〉의 주인공이었던 크리스토퍼 리브는 제겐 장애인 복지를 함께하였던 친구이자 동료입니다. 오랫동안 그가 죽을 때까지 UN 세계장애위원회에서 함께 활동을 하였습니다.

그의 숨소리는 매우 거칠고 몰아쉬는 힘든 숨소리였습니다. 그의 숨소리를 들을 때마다 육신은 죽음과 같으나 생명력 있는 숨을 쉬면서 봉사를 하는 그의 위대함에 숙연해지곤 하였습니다. 그가 돌아가시게 되었을 때 그의 위대한 숨소리를 들을 수 없음에 안타깝고 마음이 아팠습니다. 그의 숨은 많은 사람들에게 감동을 주었고, 많은 사람들의 귀감이 되었습니다.

이제 두 번 다시 들을 수 없는
강 박사님의 숨소리를 그리워합니다.

존경하는 회장님,
오래오래
건강하셔서
저와 함께 해주세요.
고맙습니다.

3) 열정의 아이콘 :
강렬한 카리스마의 한국 대표 뮤지컬 배우 최정원

"대한민국 대표 여자 뮤지컬 배우"

"최고의 티켓 파워를 지닌 여배우"

"네티즌 선정 가장 좋아하는 배우"

"따뜻하면서도 강렬한 카리스마를 지닌 디바"

1989년 〈아가씨와 건달들〉로 데뷔하여 지금까지도 폭발적인 티켓 파워를 가지고 있는 뮤지컬 배우 최정원 님. 그녀가 맡는 역할에는 '정원, 가든'이라는 수식어가 붙어 그녀 고유한 실력과 열정을 이야기해 줍니다.

2012년 〈맘마미아〉 대전 공연에서 처음 만나서 사귀게 된 우리의 공통점은 열정이란 단어입니다. 정원님은 저를 다이돌핀 언니, 저는 배우님을 엔돌핀 동생이라고 부릅니다. 무슨 뜻일까요? 우리 몸에는 엔돌핀과 다이돌핀이라는 호르몬이 있는데, 다이돌핀 효과는 엔돌핀의 4,000배라고 합니다.

다이돌핀은 바로 '감동 받을 때' 나오는 호르몬으로, 좋은 노래를 들었거나 아름다운 풍경에 압도되었을 때, 전혀 알지 못했던 새로운 진리를 깨달았을 때, 엄청난 사랑에 빠졌을 때, 이때 우리 몸에서는 놀라운 변화가 일어나 다이돌핀이 생성된다고 합니다. 엔돌핀과 다이돌핀처럼 좋은 호르몬들이 우리 몸의 면역 체계에 강력한 긍정적 작용을 일으킵니다. 다이돌핀 언니와 엔돌핀 동생으로 지금까지 서로를 아끼면서 좋은 인연으로 살고 있습니다.

그녀는 관객들에게 언제나 다이돌핀을 공급해 드리고 싶다고 소망합니다. 그러기 위해서 무대에 섰을 때 죽을

만큼 최선을 다해 열정적으로 공연에 임하고 있다고 당당히 밝힙니다.

올해 54세가 되었는데도 열정적으로 무대에 오르는 모습을 지켜 보는 관객들은 "눈빛이 다르다"라고 감탄합니다. 저에게 "언니! 나는 무대가 너무 좋아! 공연이 없으면 집에서 절인 배추처럼 축 처져서 지내는데 공연 날짜가 잡혀서 연습을 하게 되면 다시 살아나요!"라고 자신이 좋아하는 일, 가장 잘하고 좋아하는 일이 뮤지컬이기에 일을 즐길 수 있다고 고백합니다. 그렇기 때문에 무대가 있다는 사실에 열정 에너지를 공급받는다고 했습니다. 공연을 하지 않으면 몸이 아프고, 오히려 공연을 할 때 가장 행복한 에너지가 발산된다고 합니다.

저는 정원 배우님 덕분에 N차 관람을 하는 뮤지컬 매니아가 되었습니다. N차 관람이란 좋아하는 영화나 뮤지컬등 공연을 보고 또 보는 문화 현상을 의미합니다. 저는 〈맘마미아〉는 총 아홉 번, 〈시카고〉는 다섯 번이나 관람할 수 있었습니다. 보고 또 보아도 정말 감동적입니다. 항상 그녀의 열정적인 모습에 반하곤 합니다. 영광스럽게도 〈맘마미아〉 1,000회차 대구 공연할 때도 함께하며 축하를 해 줄 수 있었습니다. 배우와 팬으로 만났지만 이제는 친자매 같은 끈끈한 사이로 잘 지내고 있습니다.

정원 님은 제가 운영하는 밴드 미라클 가족 세우기 회원이십니다. 밴드 1주년 기념 행사를 하던 날 전화 통화를 했는데 멀리서 공연하느라 직접 참석해서 축하해 주진 못하지만 미라클 회원님들을 생각하면서 노래 부르겠다고 마음 전해 달라고 해서 감동 받았습니다. 또한 제가 봉사하는 JOY행복상담원을 위해 후원을 해 주고 있는데, 매월 송금 내용에 '사랑합니다'란 문구를 보내 주어서 언니인 저와 제가 하는 활동에 대해 존중해 주는 마음을 잘 느낄 수 있습니다.

언제나 최고의 모습으로 공연을 하는 뮤지컬 배우 최정원에게 열정이란 무엇인지 질문을 하였습니다.

"열정의 근원은 '친정 어머니'예요."라고 말하면서 어머니와의 일화를 들려 주었습니다. 만약 어머니께서 돌아가신다면 어떻게 할까를 상상만 해도 눈물이 나고 마음이 아프다고 해서 저도 울컥했습니다.

어린 시절 너무나 가난하고 형편이 넉넉지 못했다고 합니다. 어느 날 TV에서 스파게티 광고를 본 그녀는 어머니에게 먹고 싶다고 졸랐다고 합니다. 어머니께서는 라면을 끓여서 스프를 반만 넣고 비벼서 스파게티라고 생각하고 먹으라고 하셨습니다. 닭고기가 먹고 싶다고 하면 식빵을 사 오셔서, 닭고기라고 생각하며 찢어서 먹도록 권하셨습니다. 딸이 원하는 것을 실제로 100% 채워 줄 수는 없어도, 무엇이든 상상력을 동원해서 만족할 수 있게 채워 주신 것이지요.

집안에 여유가 없어서 유치원을 다니지 못하고 집 안에서 시간을 보내는 딸을 보고서는 거울을 사다 주셨다고 합니다. 배우님은 거울을 보며 고양이가 되어 보고, 강아지가 되어 보고, 할아버지도 되어 보며 몰입하고 성대모사를 하면서 놀았다고 합니다. 집에 손님이 오셨을 때 어머니께서 "정원아, 울어봐!"라고 하시면 1분 안에 눈물을 흘렸다고 합니다.

배우님은 그런 경험들이 오늘날 생생하고 에너지가 느껴지는 연기를 할 수 있는 데 많은 도움이 되었다고 고백합니다. 그래서 그녀는 열정의 근원을 바로 어머니라고 합니다. 어머니에 대한 감사와 존경을 전하는 그녀의 언어 속에서 느꼈습니다.

"그녀가 참 어머니를 사랑하는 사람이구나,
그래서 그렇게 편안하고 열정적으로
공연을 할 수 있구나."

어머니가 근원이 되어 오늘의 무대에서도 열정을 다하며, 가장 잘하는 일, 가장 하고 싶은 일, 가장 행복한 일을 하며, 즉 춤추고 노래하며 자아실현의 삶을 살고 있는 최정원 배우님! 당신은 그야말로 자아실현 열정의 아이콘입니다. 사랑합니다.

우리는 열정 시스터즈!
사랑해, 정원아!

독자님들은 꽃길만 걸으시길 바라요.

저도 남은 생은 꽃길만 되었으면 좋겠습니다.

♥ 사랑합니다 ♥

『오늘부터 자아실현 꽃피우자』 초대권

★ 북 콘서트 초대권 ★

초대합니다!

자아실현 아이콘 조남희(Joy) 작가와

함께하는 북 콘서트

BOOK
CONCERT